天一阁藏

宁波和丰纱厂帐略 辑录

应芳舟 编著

浙江省哲学社会科学重点研究基地浙东文化研究院自设重点课题
"天一阁藏宁波和丰纱厂帐略整理与研究"
（编号 2022JDZD2）研究成果

宁波和丰纱厂外景旧影

（来源：《百年和丰》）

宁波和丰纱厂大门旧影

（来源：《宁波旧影》）

宁波和丰纱厂厂房遗存

宁波和丰纱厂议事厅遗存

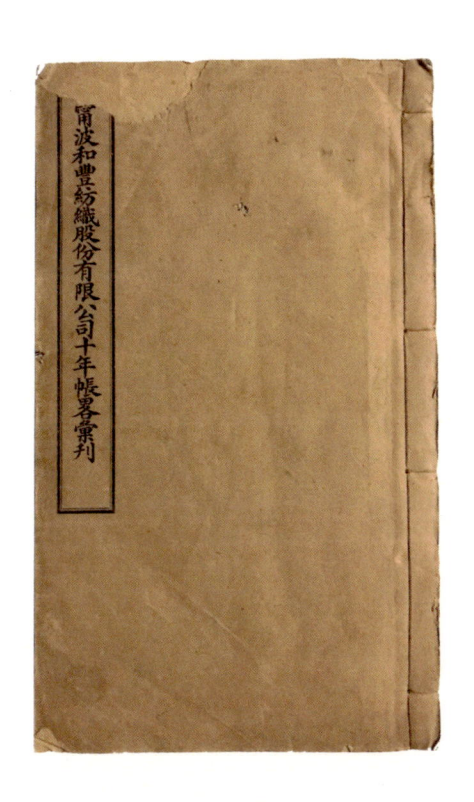

天一阁藏宁波和丰纱厂帐略

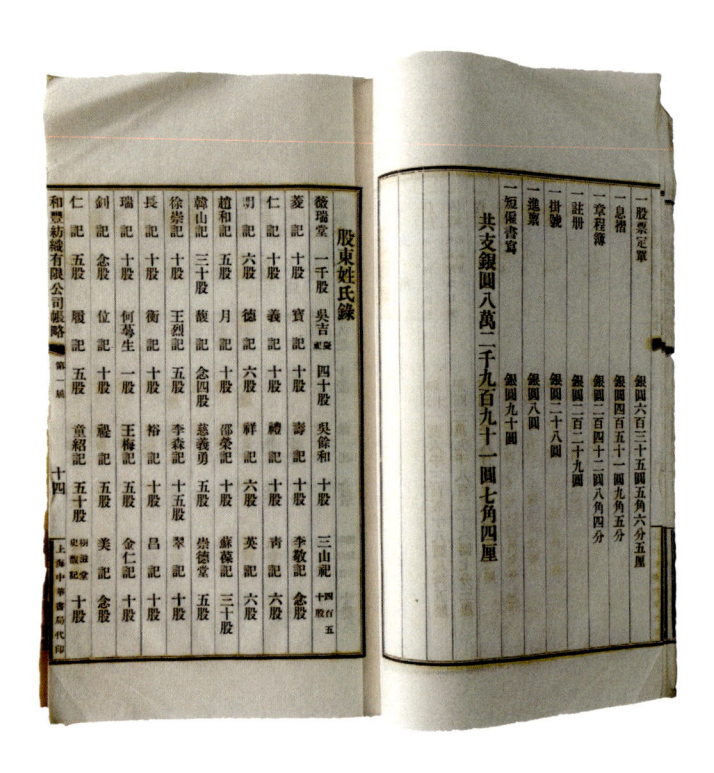

天一阁藏宁波和丰纱厂帐略

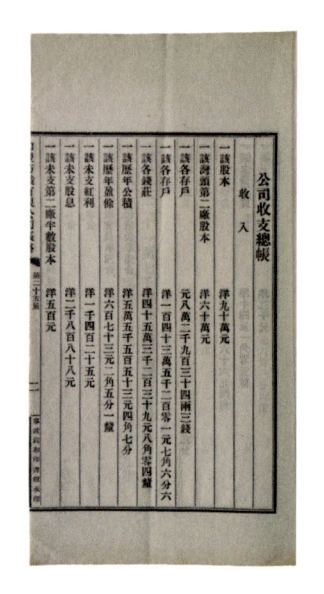

宁波和丰纺织股份有限公司修正章程草案

（夹于《宁波和丰纺织股份有限公司第二十五届帐略民国二十年》内）

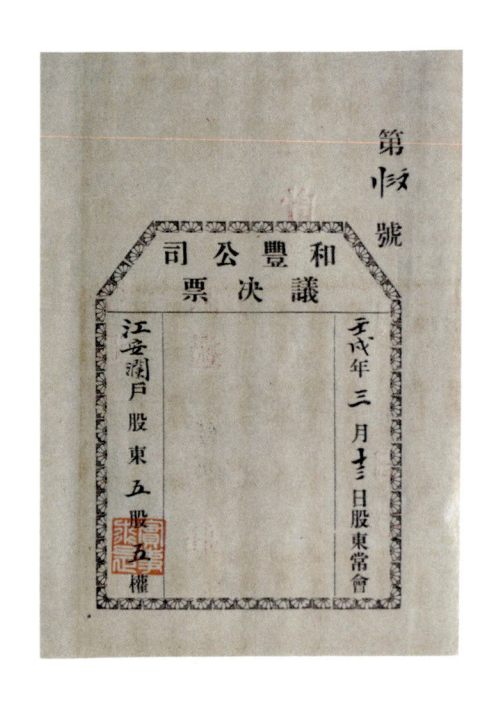

和丰公司议决票

（纵 16 厘米，横 11.5 厘米，夹于《宁波和丰纺织股份有限公司第十八届帐略甲子》内）

序

  宁波是古代中国的重要港口城市。在传统的农业社会中，宁波输出的是手工业产品及农副产品。鸦片战争后，随着西方"洋货"的大举输入，宁波港从"鱼盐粮食码头"演变为"百货码头"，贸易结构发生重大变化，本土手工业亦受到严重冲击。但是，宁波人面对全球化浪潮的猛烈冲击，并没有消极抵抗，而是以惊人的勇气积极学习西方先进技术，在完全空白的基础上创办起近代工业企业。1887年，严信厚在宁波北郊湾头创办了通久源轧花厂，这是宁波的第一家近代工厂，也是近代中国第一家机器轧花厂。1894年，严信厚又和宁波商人戴瑞卿等创办了浙江省第一家纱厂——通久源纱厂。1905年，戴瑞卿联合宁波招商局总办顾元琛等共同创办了和丰纺织股份有限公司。1907年3月，位于江东冰厂跟（今属宁波市鄞州区）的和丰纱厂建成投产，随后迅速发展成为浙江省最大的纱厂。由于宁波出现了以"进口替代型"为主的地方工业，并且通过港口外输，因此宁波港也开始从原先转运"洋货"的"百货码头"朝着工商业贸易港的方向转型。

  2014年，我受宁波市政协文史委的委托，编辑《近现代报刊上的宁波》，首次接触到和丰纱厂。当时在外地出版的多种报纸杂志上，经常可以看到关于和丰纱厂的各种新闻。在不断变幻的时代风云中,和丰纱厂在1936年发生过经营危机,1940年遭遇严重火灾,日军入侵后又被迫停产;1953年公私合营,1966年更名为国营东风棉纺厂,1979年又改名为和丰纺织厂,1982年开始承接外商港商来料加工业务;1998年宁波和丰纺织集团公司宣告破产;2009年,和丰创意广场在和丰纱厂旧址建立。可以说,和丰纱厂就是宁波乃至中国近现代工业的一个缩影,值得学术界深入研究。

不过,如今保存下来的和丰纱厂档案资料数量十分有限。天一阁博物院应芳舟先生长期从事宁波帮史料整理与研究,由他梳理的这批关于和丰纱厂早期历史的资料,为研究和丰纱厂提供了新的切入点。在这些资料中,我们可以看到先辈们筚路蓝缕、拓荒奠基的艰辛足迹。"南国书城"天一阁是宁波的文化名片,以收藏古籍而享誉海内外,没想到居然还藏有和丰纱厂的档案资料,实在令人高兴。2016年,中央电视台《远方的家》节目组来到宁波,我陪同他们专门来到和丰纱厂原址,拍摄了残留下来的烟囱,并从负责改建工程的冯水先生处了解到烟囱的除尘装置。在应芳舟整理的天一阁藏和丰纱厂建筑图中,可以看到烟囱的原貌。如今甬江两岸高楼林立,不同风格的现代化建筑鳞次栉比,可是当时的宁波城市内外并没有什么高大的建筑,这样,和丰纱厂高高耸立的烟囱就成了一个地标性建筑,象征着近代工业文明在宁波的崛起。在古老的天一阁藏书楼珍藏着和丰纱厂的档案资料,似乎在冥冥中隐含着这样的寓意:宁波是一座古代文明与近现代文明相融合的城市。天一阁收藏宏富,我期待着应芳舟再接再厉,挖掘和整理出更多类似的史料。

宁波舟山港如今已成为全球货物吞吐量最大的港口,宁波本土也建成了一批世界级的高端工业企业。不过,面对着日新月异的现代科学技术和动荡不定的国际局势,宁波在现代化建设的进程中也面临着一些新的挑战。通过翻阅本书所收录的这些充满时代沧桑的档案资料,我们坚信只要坚持改革开放,虚心学习世界先进文化,宁波一定能够创造出更大的辉煌。

是为序。

龚缨晏

2023 年 5 月

(作者系宁波大学浙东文化研究院首席专家、浙江省文史研究馆馆员、宁波市文史研究馆馆员)

目　录

序 …………………………………………………………………… 1
凡例 ………………………………………………………………… 1

一　宁波和丰纺织股份有限公司十年帐略汇刊 ……………………… 1
二　宁波和丰纺织股份有限公司第十七届帐略癸亥 ………………… 125
三　宁波和丰纺织股份有限公司第十八届帐略甲子 ………………… 151
四　宁波和丰纺织股份有限公司第十九届帐略乙丑 ………………… 169
五　宁波和丰纺织股份有限公司第二十届帐略丙寅 ………………… 189
六　宁波和丰纺织股份有限公司第二十一届帐略丁卯 ……………… 199
七　宁波和丰纺织股份有限公司第二十二届帐略戊辰 ……………… 211
八　宁波和丰纺织股份有限公司第二十三届帐略己巳 ……………… 221
九　宁波和丰纺织股份有限公司第二十四届帐略民国十九年 …… 233
十　宁波和丰纺织股份有限公司第二十五届帐略民国二十年 …… 245
十一　宁波和丰纺织股份有限公司帐略民国二十二年上半届 …… 257

附录 ……………………………………………………………… 267
　宁波和丰纺织股份有限公司修正章程草案 ……………………… 267

宁波和丰纺织有限公司第三届帐略己酉 …………………… 271
民国《鄞县通志》和丰纱厂地图 …………………………… 279

后记 ……………………………………………………………… 280

凡 例

一、本书辑录的宁波和丰纱厂（全称宁波和丰纺织股份有限公司）帐略均系宁波市天一阁博物院馆藏。

二、本书对所选帐略予以全文照录。为保存史料原貌，原文词句尽量不作更改。如书中原文"股分""总帐"等均不作改变，请读者明察。

三、本书收录的历届帐略所附建筑图纸，具有较为重要的史料价值。为便于查阅和研究使用，本次收录时与原件保持同比例大小。

四、对一些需要说明的人物、事件以及需指出的讹误，以按语的形式附于史料之后。

一

宁波和丰纺织股份有限公司十年帐略汇刊

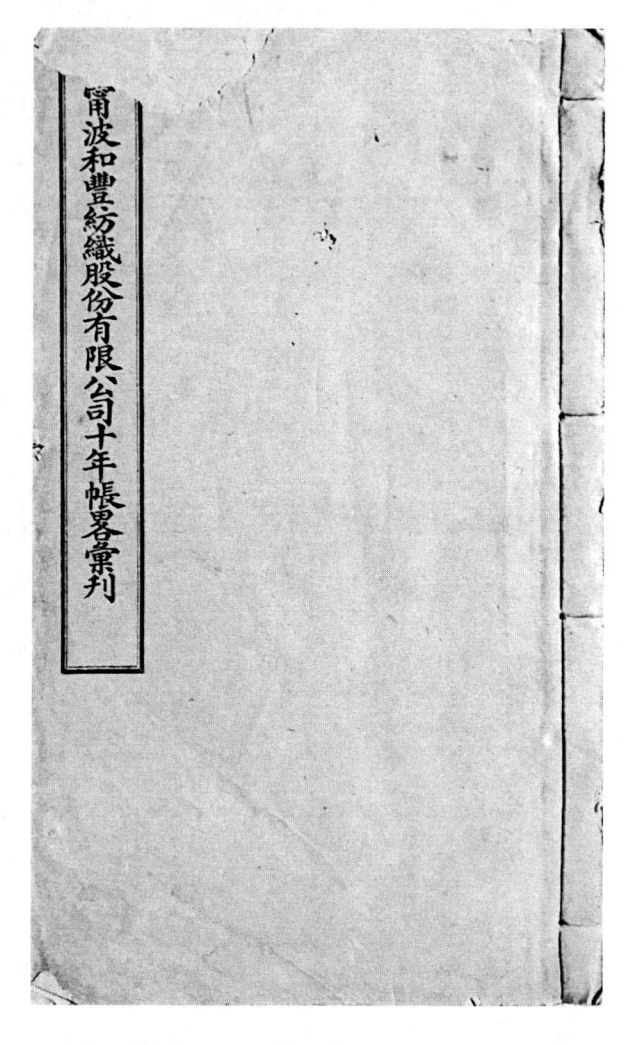

按：该帐略纵25.7厘米，横15.2厘米，不分卷，线装，版心上题"和丰纺织有限公司帐略"，民国年间铅印本，由上海中华书局代印。宁波市天一阁博物院索书号为"续1220"。上海市档案馆（档号Y9－1－412）、宁波市档案馆（档号314－1－10）亦有收藏，后者所藏破损较严重。另，编著者还于2022年10月21日在设于和丰纱厂厂房旧址内的宁波工业设计博物馆看到展柜内陈列有此书原件。

和丰公司十年纪念弁言

　　本厂自前清光绪三十三年丁未开办以来，迄今已阅十稔。钊于宣统二年庚戌腊月接任经理亦六载矣。自辛亥至丙辰计毛丈盈余洋一百余万元左右，除壬子支销十八万五千余元、癸丑支销十万元、甲寅支销五万五千余元、乙卯支销二万八千余元、丙辰支销八千余元，约尚有五十余万元。于是，向之以百元为一股，股本总计六十万元，今以百五十元为一股，股本总计九十万元。此外，提存折旧、提存公积皆有专款，厂基似渐臻巩固。人或以此为钊功，而不知非钊之功也。夫本厂创办之时，纱锭仅一万一千二百枚耳。庚戌添五千六百枚，壬子添八百枚，癸丑又添五千六百枚，共添一万二千枚，视昔倍且过之。犹是机器，犹是职工，犹是薪煤，而出货加倍，其盈绌不待智者而决矣。然其所以能受此添锭而马力绰有余裕，容此建筑而地势不形狭隘者，非戴君、周君于购机器、购地时统筹全局预备扩充，何以能展布至此？顾有此机器、有此基地，非得历次募集公债之款，亦不得举事，是尤董事诸公维持之力也。若夫酌剂盈虚、操纵贵贱为营业应有之智识，实无功之可云。兹将十届帐略统行重刊并附图样合订一本，分呈诸股东公鉴，藉以考查从前缔造之不易及历来继续之困难。此后应如何持盈保泰，仍希和衷共济、协力进行，非特本厂之幸，乡邦实业、贫民生计胥利赖之。第五届至十届经理顾钊识。

　　按：据文末提及的"将十届帐略统行重刊"可知，该公司此前按年刊印帐略。

公司出入总帐

收入：

一、该股本，银圆六十万圆。

一、该本单，银圆七十一万五千九百六圆一角五分。

一、该未支官利，银圆一千一百九十九圆四角九分九厘。

一、该暂记各存户，银圆九万三千二百八十一圆三角三分二厘。

一、该顺水津、燕、青三庄，银圆二万六千四百四十六圆一角七分二厘。

一、该存工，银圆一百圆二角六分。

共收入银圆一百四十三万六千九百三十三圆四角一分三厘。

支出：

一、存地皮房屋，银圆三十二万六千五十三圆五分三厘。

一、存机器，银圆四十五万四千一十五圆九厘。

一、存生财，银圆四千三圆二角二分九厘。

一、存栈物料，银圆一万九千七百七十九圆六角一分七厘。

一、存棉花，银圆三十七万二千八百八圆九角六分一厘。

一、存杂花回丝，银圆四千七百五圆一角三分八厘。

一、存机上纱，银圆五百八圆八角。

一、存花袋包索，银圆一千三百五十八圆五角。

一、存煤炭八百念八吨六二五，银圆五千五百五十一圆七角八分七厘。

一、存内物料，银圆二万一千二百七圆七角六分二厘。

一、存顺水津、燕、青三庄，银圆五万二千六百二十三圆八角九分八厘。

一、存未到期保险，银圆四千圆。

一、存申事务所往来，银圆四千九百一十六圆七角六分。

一、存官利未开车以前，银圆三万六千六百一十八圆四角五分。

一、存创办费乙巳始至开车，银圆八万二千九百九十一圆七角四厘。

一、存本届亏耗，银圆三万三千一百八十二圆五分九厘。

一、存戊申年息未到期，银圆一万一千九百圆。

一、存现存，银圆七百八圆六角八分六厘。

共支出银圆一百四十三万六千九百三十三圆四角一分三厘。

　　　核对无讹。查帐人屠景山　押、钱崑瑜　押、励长华　押

宁波和丰纺织有限公司第一届报告书

本公司自光绪三十一年二月创办始、至三十三年六月底止，填地建筑，购办各项机器按装，大略完整为创办首次决算。自光绪三十三年七月初一日始、至同年十二月止底为第一届结帐，于光绪三十四年二月十九日由董事局交与查帐人逐细调查明确。兹将应报告事项开列于后，以供詧核。

公司办理节略

一、本公司向英国所定各项机器于三十二年至三十三年春陆续到齐，随即安装，于是年二月十一日试车，节节尚称玲通。嗣后，日逐安配器具，一面养成职工，至六月间，职工渐有进步，全机计已开至五六分。不期宁地时疫大行，人心惶惧，本公司未便强人从事，停车数天，以重人命。一面专意注重卫生，制备药物。嗣后，厂内职工幸尚平安，惟疫后暑气未退，人多畏惧，不得已着人至苏杭纠集职工来甬，直至九月间始得全机开齐。至十月之初，出纱已达预算之额。嗣后，职工日就精熟，出数不致离谱，则公司可望日形发达矣。

一、本公司所定资产因有数端，致逾预算之外。

一、本厂离市略远，职工因道遥，遇寒暑雨雪，常视为畏途，于本厂工务大有障碍。是以于本厂基地内添造住宅多幢，以廉价租与本厂工人居住，并在江北建造亭子一座，以便往来，则工手不致缺乏。

一、栈后沿江滩地用石筑就长堤，将该地填平，可作卸货堆物晒场之用。

一、于西南首添造洋栈二大进，以备预贮棉花，其堤外可系趸船，则将来花、纱、煤上落既便，费亦大省。

一、本年四月飓风，车房适当其冲，来势极大，揭去屋顶，拖倒甬道及小楼房数幢。正当工作之际，而人工幸皆无恙。有此数端，所以工程过于预算也。

工作及贸易节略

一、本厂工作九月以前情形已叙上节，自十月以来各事始称完备，计全副锭子一万一千二百枚，粗细通扯每日夜出纱在三十包左右。本年试车以来，计共用原料棉花一万八千担零，纺成棉纱五千包零。

一、本厂出纱伊始，样子寄入内地以及各埠，啧啧称羡，谓与东洋头等纱并驾齐驱。未数旬，各路信电叠叠，均欲多办。无如限于出数，未能尽如客愿。应酬北洋不过十之一，其余咸付本省。目下山东地面，本厂纱虽去未多时，而市上已有争前恐后之势，将来非倍添锭子未能满客意。惟售价本年一为花贵而纱价未能提足，二为新牌伊始，不得不稍为松动，以广流通，致本届尚须亏耗耳。

一、本年棉花收成，本省颇称丰足，无如洋花歉收，致价日防升提。当本年出新之际，值拆息日昂、银根日紧之时，本厂限于经济，未能尽如我意。幸全体协力，本届得有一万五千余百担贮存，聊堪告慰诸东之意。下届惟祝中外丰收，则无谷贵米贱之慨。总之，本厂出货之佳已冠乎中外，而出额之多亦越乎寻常，故于工本实所增无几，而售价已超过他厂。嗣后，各事渐就完整，本董事局总、协理是当督率在事司员矢勤矢慎，任怨任劳，务达预算目的，以副诸股东委任之至意。至创办费,即始乙巳,至丁未六月另立清帐于后,经众允议作五年,于每届赢余内提还。溯自甲辰秋发起以来,直至本年开车止,本公司创办人均系自备资斧,倍辛倍劳,始克告成全局。适当时事艰难之际,此数年间之酬劳亦均未支,勉尽义务,惟期公司日形发达,庶不负创设之苦心耳。

一、本届因无盈余,谨遵《商律》第一百十一条停给官利一年,以固根基,经众允议。

一、本年十二月初九日,股东陈馥菱君报失本公司股票三纸及息折一扣,又王慎之君报失本公司股票五纸、息折一扣,经登上海报纸满一月后,无人执阻,均已照章补给新股票、息折矣。

光绪三十四年二月　日宁波和丰纺织有限公司

总经董戴瑞卿、副总理周熊甫,总董顾元琛、郑岳生,查帐员屠景山、钱崑瑜、励长华,董事范清笙、戴理卿、林友笙、范烈生、张斐章、张雩春、钱康宁、范汉臣同启

按:该公司于清光绪三十四年(1908年)三月初十日召开股东会(帐略通常由查帐员或监察人在股东会上报告),议决各项内容详见宁波市档案馆编《宁波和丰纺织公司议事录》(宁波出版社2019年4月第1版)第12页。

公司本年盈亏之数

收入:

一、售出棉纱二十万零零二百八十只扯一〇二一七一,银圆五十一万一千五百七十圆七角五分六厘。

一、售出杂花回丝,银圆一万一千九百二十四圆二角一分三厘。

一、售出棉籽，银圆八千四百三十四圆三角九分。

一、售出旧袋包索，银圆二千五圆八角六分。

一、房租职工住宅及街屋，银圆一千九百三圆五角九分。

一、机房花纱，银圆九千四百六十四圆九角一分。

一、电灯费，银圆三百一十八圆七角五分。

一、栈力坑租、股费、归工、零物，银圆七百七圆四角四分六厘。

一、汇源，银圆一千六百四十一圆五角五分五厘。

共收银圆五十四万七千九百七十一圆四角七分。

支出：

一、原料棉花一万八千七百九十四担零四十斤扯二五零一八零，银圆四十七万二百二圆一角一分九厘。

一、批发处本省纱捐，银圆三百三十六圆七角二分。

一、电报费，银圆三百三十一圆二角一厘。

一、申栈租火险、棉花，银圆九百八十圆一角三厘。

一、庄息四月初一日起，银圆二万九千七百七十八圆八角三分。

一、煤炭四期初一日起，银圆二万六千七百七十八圆七角八分七厘。

一、批发处缴用，银圆一千三百四十九圆六分九厘。

一、俸给，银圆四千一百八十六圆四角。

一、技师男、女匠工，银圆三万四千四百八圆六角七分四厘。

一、保火险全厂房屋、货物，银圆六千四百二十二圆七分六厘。

一、杂项，银圆一千五百四十一圆六角二分三厘。

一、旅费，银圆八百一圆三角五分二厘。

一、福食零用，银圆二千六百九圆七角六分七厘。

一、捐款房捐、善举、完粮,银圆六百六十四圆八角八分四厘。

一、现洋贴水,银圆七百六十一圆九角二分四厘。

共支银圆五十八万一千一百五十三圆五角二分九厘。

除收支,揭亏银圆三万三千一百八十二圆五分九厘。

按:"四期初一日起"应为"四月初一日起"。

机 器 目 录

一、炉子四只,银圆二万六千九百十九圆六角三分三厘。

一、引擎地轴马力一千匹,银圆五万九千八百七十四圆五分七厘。

一、全部机器,银圆念三万一千三百九十九圆四角五分六厘。

一、机器添配,银圆一万三千九百三圆九角二分二厘。

一、电灯机器全部,银圆一万九千三百九十七圆一角五分三厘。

一、又水脚外费,银圆四千四百四圆七角二分九厘。

一、电灯添配,银圆三万一千八十五圆六分。

一、旅川技师留英及川,银圆六千六百八十七圆七角一分。

一、电报技师留英及川,银圆一千一百八圆八角八分三厘。

一、装车,银圆二万二千一百四圆二角五分四厘。

一、提驳,银圆六千一百三十四圆八角六分五厘。

一、水脚申至甬,银圆六千七百四十五圆一角。

一、税甬关,银圆一万六千五百十三圆四角六分三厘。

一、保险扬子申至甬,银圆三千三百七十三圆六角一分五厘。

一、犒赏,银圆二千七十七圆三角。

一、栈租,银圆二千二百八十五圆八角九厘。

共计银圆四十五万四千一十五圆九厘。

产 业 目 录

一、积水台一座十一方九角六分,银圆六千四百圆。

一、大车房二百六十六方六角四分,银圆七万四千五十圆;又风灾糟蹋修葺,银圆二千五百圆。

一、绳子衕二十七方七角二分,银圆八千二百圆。

一、弹花间一百十二方五角六分,银圆二万七千三百圆;又风灾糟蹋修葺,银圆一千一百圆。

一、引擎间二十七方八角四分,银圆一万四千四百圆。

一、小油间三方一角,银圆三百圆。

一、炉子间门前廊屋连,三十四方八角,银圆五千八百圆。

一、修理间十八方,银圆二千四百七十圆。

一、电灯间十二方九角二分,银圆二千五百八十圆。

一、大烟囱一支,银圆六千圆。

一、栈房一百六方五角,银圆一万八千七百圆。

一、公事房五十八方八分,银圆八千九百圆;又风灾修葺,银圆四百二十圆。

一、物料所四十四方八角八分,银圆五千七百圆。

一、工匠房十八间,厢房四间,银圆四千七百五十圆。

一、过路凉棚,银圆一千二百六十圆;又风灾修葺,银圆五百二十圆。

一、饭房、厨房、茶房,银圆一千八百圆。

一、头门八方二角七分,银圆二千四百圆。

一、市房九十七间,银圆一万九千四百圆。

一、围墙三百四十方，银圆六千三百十圆；又风灾修葺，银圆九十圆。

一、阴沟连阴缸，银圆三千三百圆。

一、各井，银圆六百二十圆。

一、砖木料上机器淘池及装配各用，银圆三千六百圆。

一、铺石版，银圆五百八十圆。

一、上年各司点工各木作锯匠、草泥班锯木等，银圆三百二十圆。

一、江北凉亭，银圆四十圆。

一、装葺分折帐房搜纱间、栏干、门及一应零碎，银圆一百九十圆。

一、置田四十三亩二分，银圆二万三千八百九十七圆七分五厘。

一、又江北道头，银圆三千五百四十六圆二角。

一、填地，银圆八千七百八十圆八角。

一、添造内外房一百二十间，银圆八千五百六十三圆一角三分六厘。

一、江北凉亭搭板，银圆三百圆。

一、铅水流、铅瓦、龙骨、腰墙、瓦片、修码头船及添配土木料，银圆四千二百九十三圆三角三分三厘。

一、引擎间、炉子间石木砖料，银圆五千七百七十圆。

一、松桩，银圆九百七十圆四角八厘。

一、积水池，银圆八千八百七十六圆三角三分二厘。

一、弹路，银圆四百三十八圆。

一、打样，银圆二百十三圆二角八厘。

一、避雷针，银圆六百三十圆。

一、火砖，银圆二千一百七十圆四角七分五厘。

一、水泥，银圆一千一百七十圆。

一、瓦筒，银圆一千四十二圆四角九分七厘。

一、火泥,银圆二百四十三圆。

一、进水管,银圆一百九十六圆。

一、后码头筑堤填地碶石,银圆八千四百六圆。

一、马渡船、趸船,银圆六千八十二圆五角四分一厘。

一、洋栈二晨,银圆六千圆。

一、自来水管,银圆四千五百九十圆四分八厘。

共计银圆三十二万六千五十三圆五分三厘。

存 货 目 录

一、存一二七砠通州机器花,二千零三十一包。

一、存一二七砠北市机器花,二千五百包。

一、存一二砠姚衣,七千零零四包。

一、存三七四砠花旗花,一百八十包。

一、存三百砠孟美花,一百四十一包。

一、存零花,二十二包。

一、存机上花,三百七十七担八十九觔半。

共计洋三十七万二千八百八元九角六分一厘。

创 办 费 细 目

支出:

一、庄息正式开车以前,银圆一万六千三百五十八圆八角五厘。

一、俸给正式开车以前连试车,银圆三万九千八百二十六圆七分三厘。

一、提驳,银圆二千八百六十三圆三分三厘。

一、杂项乙巳始,银圆六千二百八十九圆四角九分七厘。

一、福食零用乙巳始,银圆五千六百三十圆四角六厘。

一、酬劳丙午起、丁未止,日人,银圆三千二百二十一圆五角八分。

一、又同前,华人,银圆二千九百一十五圆。

一、房租江北创办事务所,银圆五百九十圆。

一、旅费,银圆四百圆九角一分六厘。

一、火险全厂房屋、货物,银圆三千二百一十一圆三分八厘。

一、股票定单,银圆六百三十五圆五角六分五厘。

一、息折,银圆四百五十一圆九角五分。

一、章程簿,银圆二百四十二圆八角四分。

一、注册,银圆二百二十九圆。

一、挂号,银圆二十八圆。

一、进禀,银圆八圆。

一、短雇书写,银圆九十圆。

共支银圆八万二千九百九十一圆七角四厘。

股 东 姓 氏 录

薇瑞堂	一千股	吴吉庆祀	四十股	吴馀和	十股	三山祀	四百五十股
菱记	十股	宝记	十股	寿记	十股	李敬记	念股
仁记	十股	义记	十股	礼记	十股	青记	六股
明记	六股	德记	六股	祥记	六股	英记	六股

续表

赵和记	五股	月记	十股	邵荣记	十股	苏葆记	三十股
韩山记	三十股	馥记	念四股	慈义勇	五股	崇德堂	五股
徐崇记	十股	王烈记	五股	李森记	十五股	翠记	十股
长记	十股	衡记	十股	裕记	十股	昌记	十股
瑞记	十股	何荨生	一股	王梅记	五股	金仁记	十股
钊记	念股	位记	十股	禔记	五股	美记	念股
仁记	五股	履记	五股	童绍记	五十股	树滋堂史馥记	十股
郭绍仪堂	念股	谢仲记	念股	郑姻仲公祀	十股	撙节记	十股
陈滋甫	五股	撙记	五股	郁滋生	五股	阮廷安	十股
金长记	五股	刘福房	念股	林兰亭	十股	江安澜	五股
庄安之	五股	周仲记	念股	张德记	念股	李哲记	十股
范济生	十股	吴宁记	三十股	范安生	十五股	周和记	四股
吴育房	六股	吴蓉卿	五股	汤锦章	二股	顾谷香	二股
胡文元	二股	沈廷灿	一股	沈泗卿	四股	郑赞臣	念股
范杏记	十股	文日记	八十股	项茂记	十股	曹雨记	五股
胡宗记	五股	蔡雨记	五股	王荣记	五股	戴登记	十股
范杏生	十三股	盈记	念股	培德祀	十股	李恭记	十股
昌记	十股	庆馀会	十股	沈廷灿	一股	瞿富记	十股
张振照	一股	范久记	十股	馀记	念股	陈生徐秉记	十股

续　表

周森记	四股	蔡鹤乔翁	十股	吴麟书翁	十股	边文锦翁	十五股
金记	五股	袁旭记	一股	宝记	四股	顺记	五股
澹静庐	二股	阊记	二股	闸记	二股	万顺丰	六股
闳记	二股	伯记	六股	谢永泰祀	五股	谢蕙鏓	五股
文记	五股	郑耕馀轩	二股	郑萃堂	二股	王仁腹	一股
严补拙居	十股	严佳斌	十股	恒记	十股	文记	五股
槿记	五股	裕记	三股	俞贵元	二股	边文锦	五股
三山氏	十股	张甡记	三股	石仁孝	念股	陈馥菱	二股
又	一股	翁勉甫	五股	福记	十九股	三山氏	十股
聚记	五股	杨定记	二股	沈志记	三股	蔡同春	十五股
吴品珍	五股	成赍记	十股	周酌雅轩	十股	张栋森	十股
徐顺林	十股	王慎之	五股	张炳记	五股	邹杏记	十股
楼勤号	五股	庆记	二股	培德堂	三股	聚记	十三股
胡纯记	二股	李薇记	三股	周颂卿	二股	林双记	三股
蔡鹤乔翁	十股	黄金琛	五股	鼎记	五股	式记	五股
陈财裕	三股	张锦泰	三股	周茂兰	四股	进修堂袁	五股
虞震甫	念五股	戴杏记	五股	包振祥	二股	邵循记	三股
寿星居	十股	顾荊记	四股	顾鼎记	四股	纫记	二股
戴顺记	五股	玉记	二股	吴祥馀	十股	福记	三股
汪炳生	十股	聚记	五股	周留记	六股	胡纯记	二股
聚记	念七股	三山氏	四十股	吴庆和	十股	松记	二股

续 表

冯子记	三股	怀记	十股	和记	五股	裕记	五股
章记	十股	卢芝记	五股	崇德堂	五十股	吴厚记	十股
吴振记	十股	生裕秉记	十股	魏廉记	十股	庆记	十股
珍记	五股	东来堂顾	十股	吴南记	五股	应善记	十五股
项茂记	念股	福记	十股	禄记	十股	寿记	十股
王道昌	三股	梧厓	念股	罗祖庆	二股	纪晋记	念股
吴馀庆	十股	庄莲记	十股	吉记	二股	卿记	三股
汪炳生	念股	乐公祀宽记	十五股	孝友堂张	二股	庄莲记	十股
德记	五股	惟善堂张	四股	馀庆堂安记	十股	增荣记	十股
铭李记	十股	酕荷记	十股	翼记	十股	瞿富记	十股
锡祉堂	十股	陈桢记	五股	陈永记	五股	培德祀	十股
卿记	五股	延龄记	二股	柳敦睦	二股	子渭祀	念股
培德堂	念股	范后知	念股	袁生仁	十股	姜梅房	十股
范文质	念股	谢蔚崽	三十股	姚朝芳	十股	周森记	十一股
范杏记	十五股	范星正记	十股	陈善记	念股	励诗房	五股
励礼房	五股	励乐房	五股	安裕	五股	潘松荫轩	五股
蒋公泰	五股	王守梅轩	二股	宝记	二股	张协记	三十股
张惠记	念五股	吾记	六股	聚记	二股	邵紫记	二股
全记	五股	美记	五股	运记	五股	庄纪记	五股
邵卓记	二股	新记	一股	韩山记	念股	韩秀记	五股

续　表

王长记	十五股	敬记	念股	樊和记	五股	朱巽记	五股
爱莲居	五股	彩荷记	五股	梅放记	十股	龙程记	十股
盈记	五股	杨文记	念股	陈心记	十股	徐子记	十股
李文记	四股	李安记	一股	李定记	一股	守拙子	二股
双桂轩	二股	钧记	二股	朱莲记	十股	桂舫居	五股
豫贵记	五股	东篱居士	十股	益丰	念股	绪记	八十股
陈安记	十五股	许兆昌	十股	崇本堂虞	念五股	堙记	五股
商记	五股	林友记	五十股	朱葆记	五十股	李敬记	三十股
根记	十股	施在诰	念股	施东记	十股	黄振荣	十股
王一亭	十股	郭娥记	四股	方静正	六股	周馥记	四十股
云记	五十股	子记	五十股	王绍记	五股	周立德	念股
周德馀	念股	先记	五股	葵记	五股	意记	三股
典留居	二股	钰记	五股	徐勤勉堂	三十股	邵凝德	五股
施益庆	十股	陈鸿斌	五股	陈鸿斋	五股	何荨生	一股
顾鸿记	十股	孙租记	五股	屠汾记	念股	望记	念股
何丹书根记	五十股	陈詠记	十股	笙记	三股	雅记	三股
吉记	四股	李蓉记	五股	周聚星堂	三十股	沈中和	念股
槐荫居周	四十股	李芝记	五股	秀记	四股	吴顺记	七股
陈康记	三股	张嘉记	十股	赵珊记	一股	屠瑞记	一股
屠德记	一股	烺记	二股	耕馀轩	五股	陈文记	十股

续 表

王馨记	十股	星记	二股	张积善堂	十股	星记	八股
沈济美堂	十股	瑞庆	五股	陈海记	五股	李松记	六股
周立功	二股	姚纶记	十股	樊时记	十股	陈海记	五股
公记	十五股	何振记	念股	张集记	十股	阮伯记	十股
景记	六股	振记	四股	叶景记	五股	叶守记	五股
香雪居	二股	骏记	五股	骧记	五股	许生记	五股
李春记	十股	姜忠记	十股	顺记	十股	郁藻记	念股
吴礼记	五股	吴芝记	三股	郁季记	二股	徐招记	念股
槐荫居	一股	安乐居	二股	徐利	六股	赵芝记	十股
馥记	二股	李运记	十股	徐松房	五股	徐竹房	五股
徐梅房	五股	兆记	念股	林记	五股	翔记	五股
庆记	五股	王寅记	五股	森记	五股	乾记	三股
隆记	三股	孙康记	五股	炳记	五股	茂记	五股
鑫记	五股	陈联记	三股	陈坤房	五股	朱荃记	五股
徐振记	二股	陈贵记	一股	陈发记	一股	仁记	五股
朱冬馀	二股	杨埙房	二股	张宝记	二股	留馀轩冯	十股
濂记	五股	洽记	五股	馀庆堂吴	三十股	何炳扬	二股
程吉记	十股	程良记	十股	程颐记	十股	王馀记	一股
和记	一股	张信记	八十五股	慕贞记	一股	成记	十股
魏炎记	十股	裕福堂	十股	兴记	六股	荣记	四股
钱崑祀	十四股	康记	四股	财记	四股	甫记	四股

续 表

声记	四股	义记	四股	瀛记	五股	林记	五股
成记	五股	赵醒记	十股	久记	一股	恒记	二股
周吉记	二股	昌记	三股	陈慎记	三股	馀记	三十股
林记	六股	忠记	六股	诗记	六股	福记	二股
慎记	二股	英记	三股	馀记	十股	李志记	五股
钱崑祀	六股	撙馀记	五十三股	丰记	一股	永记	四股
杏记	六股	范星正记	十股	新记	念股	春记	一股
增记	二股	湘记	二股	扑记	十股	麟记	一股
锡馀祀	念四股	馨花室主	一百股	延康	十五股	洪九记	五股
撙馀记	念五股	盛恭记	十五股	盛宽记	十五股	盛信记	十五股
盛敏记	十五股	盛惠记	十五股	红字中西毓才学堂	十股		

按：据浙江省博物馆藏清光绪三十一年（1905年）十一月三十日宁波和丰纺织股份有限公司发给闳记的两份股票可知，"闳记"股票共二股，编号分别为"第贰千伍百陆拾叁号""第贰千伍百陆拾肆号"。

据《申报》1911年12月1日名为《和丰股票息折被盗》的报道可知，"袁生仁"股票共十股，编号为第三千五百六十一号至第三千五百七十号、"景记"股票共六股，编号为第五千零廿九号至第五千零三十四号。后因被盗，由持股人向该公司声明作废，并换发新股票息折。

朱葆记即朱葆三在和丰纱厂的股票户名。朱葆三（1848—1926），名佩珍，浙江定海（今舟山）人，近代上海著名工商业家、宁波帮代表性人物,曾任沪军都督府财政总长、上海总商会会长、宁波旅沪同乡会会长等职,多次当选和丰纱厂董事(系股单签字董事之一)并被公推为和丰纱厂股东常会临时议长。从天一阁所藏和丰纱厂多种帐略可知,朱葆记所持股票后由五十股增至六十股。

据浙江省博物馆藏光绪三十一年十一月三十日宁波和丰纺织股份有限公司发给中西毓才学堂股息折可知,"中西毓才学堂"股票共十股,编号为"第红字壹号至拾号",每股股本银元一百元。此即红股。此外,民国三年(1914年)四月十四日,和丰纺织股份有限公司以英洋一千五百元赎回中西毓才学堂的十股红股。

照以上结帐,全年开缴并官利、庄息等项共需银圆二十七万圆。全年共出粗、细纱一万包,通计每包缴费银圆二十七圆,内除官利、庄息每包十一圆,净合做工每包十六圆。查通久源去年报告帐略与本公司不相上下,然可以节省之处理宜陆续整顿,以求完善。第工场事务过于俭薄,于本厂亦有窒碍,若筹省缴善策,非添设锭子不可。况本公司引擎、炉子以及厂房、地场创办时均留余步,如新添纱锭一万三千枚,全年可多出纱一万一千包。每包做工约七圆稍零,尽因各房工头、司事以及日本人均无开缴,所加者不过男女工资而已,故每包可省缴费银圆八圆零,再加官利、庄息每包十一圆,总共合每包开缴银圆二十一圆九角。以全年出纱二万一千包计之,可省缴费十万七千一百圆。兹将新添之开缴帐附录于后,以供察核。

计锭一万一千二百枚,合全年应需各项开列于后下,新加锭一万三千枚应加开缴如左:

帐房各友薪水,银圆八千一百九十七圆三角二分,新锭加银圆一千八百圆。

　　日本人工金,银圆七千五百六十圆,新锭加银圆三千圆。

　　引擎间,银圆三千六百五圆六角九分,新锭加银圆一千二百圆。

　　炉子间,银圆一千五百七十八圆三角八分,新锭加银圆七百二十圆。

　　弹花间,银圆二千六百三十四圆三角一分,新锭加银圆一千五百圆。

　　钢丝车,银圆二千四百八圆六角,新锭加银圆一千一百圆。

　　粗纱间,银圆一万三千五百七十一圆九角六分,新锭加银圆九千圆。

　　细纱间,银圆一万八千五百六圆七角二分,新锭加银圆一万三千圆。

　　摇纱间,银圆一万二千九百九圆七角一分,新锭加银圆一万四千圆。

　　打包间,银圆二千三百七十八圆五角九分,新锭加银圆二千四百圆。

　　皮棍间,银圆三百三十三圆九角六分,新锭加银圆一百五十圆。

　　修机间,银圆一千一百五十九圆三角九分,新锭加银圆六百圆。

　　电灯间,银圆一千四百三十八圆八角四分,新锭加银圆七百圆。

　　铅匠间,银圆二百七十三圆,新锭加银圆。

　　木匠间,银圆二百九十八圆二角,新锭加银圆。

　　栈司茶房,银圆八百四十二圆二角八分,新锭加银圆。

　　杂工门房,银圆九百四十六圆三角九分,新锭加银圆。

　　礼拜工约,银圆三百十三圆五角六分,新锭加银圆。

　　马渡船,银圆四百八圆,新锭加银圆二百圆。

杠夫,银圆八百五十六圆八角,新锭加银圆八百五十圆。

各房赏金正月,银圆二百圆,新锭加银圆二百圆。

各作,银圆二百五十六圆二角,新锭加银圆。

并条车,银圆一千四百四十六圆九角,新锭加银圆七百五十圆。

拣花房,银圆一千六百十三圆九角六分,新锭加银圆一千五百圆。

打铁间,银圆三百九十三圆,新锭加银圆。

发水房,银圆七百七十圆五角三分,新锭加银圆五百圆。

杂项,银圆三千二百九十八圆七角一分,新锭加银圆。

煤炭,银圆三万圆,新锭加银圆一万圆。

消耗什物品,银圆二万四千圆,新锭加银圆一万二千圆。

保险费,银圆一万三千圆,新锭加银圆四千五百圆。

福食,银圆四千八百圆,新锭加银圆三百三十圆。

原锭共计银圆十六万圆,新锭共计银圆八万圆。

官利,银圆四万八千圆,新锭加银圆四万八千圆。

庄息,银圆六万二千圆,新锭加银圆六万二千圆。

原锭共计银圆十一万圆,新锭共计银圆十一万圆。

原锭两共合计银圆二十七万圆正,新锭两共合计银圆十九万圆正。

原有锭每包扯洋念七圆,新加锭每包扯洋十七圆二角七分三厘。

原有锭及新加锭统扯每包费洋念一圆九角,较原有费每包减洋五圆一角正。

本公司拟添设锭子启

谨启者:本公司自去年四月开车试演至十二月二十五日停车止

是为第一届，帐略已详细登载，以供察核。第本公司亏耗虽有三万余金，而原其所以亏耗之故，实因预留添锭地步，致规模阔大，费用不能节省。为今之计，莫如添设纱锭一万三千枚以收事半功倍之效，最为合算，请为我股东约略言之。查本公司全年开缴以及官利、庄息约需银圆二十七万圆，全年纺出之纱约一万包左右，通计每包缴费需银圆二十七万圆。倘添设纱锭一万三千枚，非独机器马力绰有余裕，即厂房、栈房均可敷用，无俟更张，不过添造平房数间，以备摇纱、打包之用而已。而所出之纱可达二万一千包之数，每包缴费除官利、庄息外，约银圆七圆稍零，通计全年缴费可省银圆十万余圆，此本公司实在情形也。或谓宁波销路只有此数，出纱愈多，致供过于求，防有踊贵屡贱之虑，其说是矣，而实非也，何以言之？本公司去年已出之纱除行销台、温外，余如天津、青岛、牛庄各埠，偶一试销，均啧啧称羡，谓可与东洋蓝鱼竞胜。求者踵至，实有日不暇给之势，故近如绍兴未及装运，以无纱可售也。由此观之，本公司所出之纱仅增至一万余包，销路万不至滞钝，此明效大验，目所共觌，耳所共闻，又何俟鄙人赘说也。拙见如斯，是否有当，唯各股东察焉。

和丰纺织有限公司第二届办理情形节略

谨启者：本公司光绪三十三年十二月止第一届结帐，自开办以来，应报告帐略均已刊送周知。兹自光绪三十四年正月起、十二月止为第二届结帐，大略情形不能不明白言之。和丰成立虽速，大致就绪，未臻完备。本届添购轧花车、添造屋宇以及改动栈房、工房、铺砌晒花场，在在皆需钜款。至积水台炸裂，墙垣倾圮，意外之费又不一而足。综核出入，除给官利外，未获赢余，应提还创办费亦未能拨提。上年十月间邀同公议，拟添锭五千六百枚，出纱较多，获利较易，计开支所增唯男女工资及用煤二项，此外可以不增。此推广行纱之大略也。厂中电灯过江分布，公司预算本不在内，亦经理人因利乘便，苦心营业起见。所虑距市太远，诸多未便，拟迁徙江厦相近地方另立一部，将厂中所余电机、线竿等件核实估价，认定股本五万元，再招新股五万元，合成十万元，城内外以及江北岸可以盛行，商人称便，各司其事，各专其利。此分设电灯之大略也。总之，公司办事不易，非得数年布置，势难安定，况世景日艰，百物皆贵，前定之数多逾预算之额。创始时想不到此，兼之旁及电灯，加用庄款，于厂中未免受其影响。今电灯另立一部，划然两开，无所交涉。本厂专为出纱计，增添锭子以广招徕，然添锭五千六百枚又须添补厂房，约计所需之款十二万元左右。经有力股东商议分垫，庶办事人易于措施，公司发达当可拭目俟也。

总董顾元琛、郑岳生、前总理戴瑞卿、前协理周熊甫、总理励长华、协理屠景三

宣统元年三月　日宁波和丰纺织有限公司谨启

按：该公司于清宣统元年（1909年）三月二十日下午召开股东会。会上，由查帐员报告戊申年（光绪三十四年[1908年]）即第二届帐略，其他议决内容详见宁波市档案馆编《宁波和丰纺织公司议事录》第14页。

公司出入总帐

收入：

一、该股本，洋六十万元。

一、该薇瑞堂，洋十万九百六十八元三分八厘。

一、该景记，银七万三千二百九十两。

一、该永曦堂钱，洋三万一千一百七十元。

一、该又，银一万五千六百三十七两五钱。

一、该本单，洋十七万五千五百八十元。

一、该又，银十万五千二百五十两。

一、该未支官利，洋七百三十元九角七分二厘。

一、该励亿记，洋八十五元。

一、该义和公，洋九百十六元五角七分九厘。

一、该吉泰，洋五元五角。

一、该胜大，洋五元五角。

一、该批发所，洋七万六千二百二十五元一角九厘。

一、该通利源，洋一千元。

一、该乾一，银五百二十四两五钱一厘。

一、该谦和，银一千两。

一、该暂存各户，银一百三十四两六钱八分五厘。

一、该又,洋四千六百三十六元八角一分三厘。

一、该探租,洋一百五十五元。

一、该银总,洋二十六万七千八百七十四元九角八分五厘。

一、该本届官利,洋四万八千元。

一、该董事酬劳,洋四千八百元。

一、该盈余,洋一千十五元八角四分一厘。

共收入银十九万五千八百三十六两六钱八分六厘、洋一百三十一万三千一百六十九元三角三分七厘。

支出:

一、存产业,洋三十二万六千五十三元五分三厘。

一、存机器,洋四十万二千四百八十五元九角二分八厘。

一、存生财,洋四千五百五十元七分九厘。

一、存创办费自创办至丁未六月止,洋八万二千九百九十一元七角四厘。

一、存添造,洋六千八百十二元三角五分一厘。

一、存内物料,洋二万一千二百七元七角六分二厘。

一、存栈籽花六千八百九十八包,每包十二元五角五分零,洋八万六千六百二十六元一角一分四厘。

一、存栈姚花一千七百二十六包,每包二十九元,洋五万五十四元。

一、存印度花七百包,每包扯三百七斤半,每百斤廿四元,洋五万一千六百六十元。

一、存栈本较花一千八百廿五包,每包三十元,洋五万四千七百五十元。

一、存栈花核一千一百廿袋,每袋一元三角,洋一千四百五十六元。

一、存栈花包四千四百六十九只,每千二百四十元,洋一千七十二元五角六分。

一、存栈杂花回丝,洋一千二百三十五元五角七分三厘。

一、存栈物料,洋一万九千四百三十五元九角一分八厘。

一、存样纱,洋七十四元四角一分三厘。

一、存煤炭三千一百五十吨,洋二万一千四百八元一角九分二厘。

一、存车房花纱三万六千九百三十六磅二五,每磅二角,洋七千三百八十七元二角五分。

一、存电灯机器,洋七万七千五百六十一元七角三分。

一、存升丰庄,洋一千二元二角四分。

一、存鼎恒庄,洋五百四十八元八角八分八厘。

一、存埊琛庄,洋二百六十一元二角四分五厘。

一、存戴瑞记,洋九百六十四元四角八分二厘。

一、存元昌,银八十一两一钱七分二厘。

一、存东源,银五十二两九分九厘。

一、存又,洋一千五百二十元三角九分五厘。

一、存常盈,洋一千三百六十二元七角五分。

一、存谦和,洋三千四百六十一元一角八分一厘。

一、存庄息未到期,洋一万九百九十一元五角四分五厘。

一、存保险未到期,洋四千元。

一、存预息丙午年,洋三万六千六百十八元四角五分。

一、存盈亏丁未年第一届,洋三万三千一百八十二元五分九厘。

一、存银总,银十九万五千七百三两四钱一分五厘。

一、存现,洋二千四百三十三元四角七分五厘。

共支出银十九万五千八百三十六两六钱八分六厘、洋一百三十一万三千一百六十九元三角三分七厘。

核对无讹。查帐人戴瑞卿　押、范烈生　押

公司本届盈余之数

收入：

一、售出十支纱　六月底止五万六千三百四十一只,扯25875,十二月底止十二万九千六十四只半,扯27450,洋五十万一百十二元四角四分七厘。

一、售出十二支纱　六月底止三万四千七百七十二只,扯2615,十二月底止九万一千一百六十九只,扯279,洋三十四万六千六百八十五元四分一厘。

一、售出十四支纱　六月底止二万一千三只,扯279350,十二月底止一万九千八百四十五只,扯30445,洋十一万九千九十一元九角三分一厘。

一、售出十六支纱　六月底止二万二千九十六只,扯29475,十二月底止一万三千三十八只,扯31543,洋十万六千二百七十元一角七分。

一、售出杂纱一百十二只,扯2345,洋二百六十二元七角。

一、售出棉籽五十三万八千斤,扯1430,洋七千七百二十四元六角四分。

一、售出杂花回丝,洋二万六千四百六十六元二角九分一厘。

一、售出旧袋包索,洋六千九百八十五元四角九分。

一、存机房花纱三万六千九百三十六磅二五,每磅二角,洋七千三百八十七元二角五分。

一、收房租,洋二千七十三元七角三分八厘。

一、收电灯租,洋二千六百七十九元五分二厘。

一、收坑租,洋二百二十五元。

一、收股费,洋四元五角。

一、收栈力回佣等,洋一千四百三十一元二角一分一厘。
一、收贴水,洋一千三百十九元一角一分二厘。
一、收便田价,洋三百元。
共收洋一百十二万九千十八元五角七分三厘。

支出:
一、支原料棉花二万九千九百七十包零,扯 27480,洋八十二万四千一百七元八角四厘。
一、支上海出口纱税捐、水脚,洋一万六百九十九元四角七分三厘。
一、支电报费,洋一百十三元一角七分。
一、支栈租,洋九十五元四角四厘。
一、支庄息,洋六万二十一元三角七厘。
一、支煤炭,洋三万八十九元三角二分五厘。
一、支俸给,洋七千四百十二元六角三分。
一、支技司辛俸并回国川,洋五千五百六十七元七角。
一、支各房男女工匠工,洋七万九千一百三十八元八角一厘。
一、支保火险,洋一万三千三百十八元八角四厘。
一、支福食零用,洋四千十三元六角二分八厘。
一、支杂项,洋二千四元八角四分五厘。
一、支旅费,洋五百三十六元三角五分七厘。
一、支善举、完粮,洋五百二十一元二角二分六厘。
一、支成包房物料,洋一万六百七十三元八角一分六厘。
一、支各房物料,洋二万三千五百四十一元四角八厘。
一、支提驳,洋四百五十二元五角七分二厘。

一、支酬费,洋一千七百三元。

一、支批发所缴用,洋一千九十一元四角六分二厘。

共支出洋一百七万五千二百二元七角三分二厘。

除收支,揭盈余洋五万三千八百十五元八角四分一厘。

一、支本届官利己酉年四月初一日发,洋四万八千元。

一、支董事酬劳,洋四千八百元。

除支,揭盈余净洋一千十五元八角四分一厘。

宁波和丰纺织有限公司第三届办理情形节略

谨启者：本公司自光绪叁拾贰年开办，所有叁拾叁年、叁拾肆年第壹、第贰两届帐略情形均经报告周知。兹自宣统元年正月起、拾贰月止为第叁届结帐，应将办理大略情形明晰宣布。本届花价腾贵，而纱价迟涨，虽获盈余，只敷官利，乃因上年公议添锭伍千陆百枚并添建厂房，本届已实行由各董事公认垫借洋拾贰万元，分作伍年还清，长年捌厘起息。惟多此一项息款，是以于今正贰拾日开董事会，公同议定将宣统元年本届官利由公司暂为收存，俟下届结帐积有盈余一并给发，以固厂源。去年就山阴县属童家塔、余姚县属周巷、慈谿县属沈师桥三处地方均设分公司，以便就近采购棉花，并资推广棉纱销路。又，厂中原有电机、线杆及余料等件核实估计作洋伍万元，已照前议移归电灯新公司，为本厂认定股本。因新公司创办尚未就绪，致帐尚未揭开，是以此款报告仍照旧款刊登。本厂总董郑君岳生去腊逝世，公议以戴君瑞卿推升是职，递遗查帐员之职，公举张君斐章补之，以故总董郑君之子廷树补为散董。以上各节均本届办理之大略情形也。谨将收支各款并盈余之数开列报告，伏惟公鉴。

           总董顾元琛、戴瑞卿、总理励长华
  宣统二年二月　日宁波和丰纺织有限公司谨启

按：经核对，本文与宁波市档案馆藏《宁波和丰纺织有限公司第三届帐略己酉》（档号314－1－10）的《和丰纺织有限公司第三届办理情形节略》文字稍有不同。

该公司于清宣统二年（1910年）二月二十日下午召开股东会。

会上，由查帐员报告己酉年（宣统元年）即第三届帐略，其他议决内容详见宁波市档案馆编《宁波和丰纺织公司议事录》第16页。

公司出入总帐

收入：

一、该股本，洋六十万元。

一、该薇瑞堂戴，洋五万二千七百十二元五角。

一、该又银三万一千二百六十两，洋四万二千八百二十六元二角。

一、该本单，洋四十六万一千二百八十一元。

一、该又银廿七万一千三百四十三两七钱五分，洋三十七万一千七百四十元零九角三分七厘。

一、该绪记，洋三万零一百八十八元。

一、该德记，洋二万零一百四十元。

一、该乾丰，洋一万零四百二十元。

一、该添锭借款，洋十二万元。

一、该又息半月，洋四百元。

一、该未支官利，洋一千八百七十元零一角三分一厘。

一、该安昌各花庄，洋三百五十八元七角五分。

一、该元昌，洋二十元。

一、该通利源，洋七百六十一元二角五分。

一、该源生祥，洋九百零一元二角。

一、该生康油花定银一千八百两，洋二千四百六十六元。

一、该乾一银五百廿四两五钱零一厘，洋七百十八元五角六分六厘。

一、该探租，洋一百七十五元。

一、该存工，洋八元一角。

一、该戊申年盈余除酬费八百元，洋二百十五元八角四分一厘。

一、该己酉官利，洋四万八千元。

一、该盈余，洋六千四百九十七元六角四分一厘。

共收入洋一百七十七万一千七百零一元一角一分六厘。

支出：

一、存产业，洋三十二万七千七百五十九元零五分三厘。

一、存机器，洋四十万零四千九百四十一元三角三分。

一、存生财，洋四千五百三十七元零七分九厘。

一、存创办费，洋八万二千九百九十一元七角零四厘。

一、存添造，洋九千八百七十一元九角八分二厘。

一、存内物料，洋二万一千二百零七元七角六分二厘。

一、存栈籽花三百八十一万二千零四十磅，约十元算，洋三十八万一千二百零四元。

一、存栈皮花五千八百四十六包，约四十一元算，洋二十三万九千六百八十六元。

一、存栈二白花六十包零半，约廿七元算，洋一千六百三十三元五角。

一、存栈花包五千五百七十五只，约二角算，洋一千一百十五元。

一、存栈麻袋九千三百三十一只，作三角五分算，洋三千二百六十五元八角五分。

一、存栈杂花回丝四百十一包，洋一千零三十七元四角。

一、存栈棉纱，洋一万五千五百五十六元八角零六厘。

一、存栈物料，洋二万三千三百九十八元二角九分三厘。

一、存栈煤炭，洋一万元。

一、存车房花纱，洋一万四千零九十二元九角七分八厘。

一、存样纱公事房，洋五十三元四角一分三厘。

一、存电灯机器，洋七万九千一百二十三元四角三分。

一、存新添机器，洋二万七千一百三十六元四角九分六厘。

一、存升丰庄，洋一千六百十一元四角八分一厘。

一、存鼎恒庄，洋六百十二元七角二分。

一、存蛏琛庄，洋二百十八元五角八分五厘。

一、存戴瑞记，洋一千零二十七元三角四分二厘。

一、存励长记，洋一百九十九元九角九分四厘。

一、存东源银五十二两零九分九厘，洋七十一元三角七分六厘。

一、存又，洋一千五百二十元零三角九分五厘。

一、存电灯新公司，洋六千五百八十六元五角二分。

一、存盛记上海存纱银一万一千四百三十七两三钱二分一，洋一万五千六百六十九元一角三分。

一、存童庄屋宇、田地、生财，洋二千零七十元。

一、存北庄生财，洋五百九十六元九角一分一厘。

一、存仁裕，洋四十一元。

一、存通源安花在路，洋一千八百零四元二角。

一、存暂记，洋三百九十一元零三分二厘。

一、存庄息未到期，洋一万五千元。

一、存保险未到期，洋四千元。

一、存预息丙午年，洋三万六千六百十八元四角五分。

一、存亏耗丁未年第一届，洋三万三千一百八十二元另五分九厘。

一、存现，洋一千八百六十七元八角四分五厘。

共支出洋一百七十七万一千七百零一元一角一分六厘。

　　　　　　核对无讹。查帐人戴瑞卿　押、范烈生　押

公司本届盈余之数

收入：

一、售出十支纱三十五万一千零九十三只,扯三元零四分七零,洋一百零六万九千零三十四元二角二分。

一、售出十二支纱十一万零六百一十一只,扯三元一角六分八零,洋三十五万零三百零九元。

一、售出十四支纱三万四千零六十只,扯三元四角八分三零,洋十一万八千六百五十五元五角七分二厘。

一、售出十六支纱一万零三百六十九只,扯三元四角零二零,洋三万五千零九十六元二角三分。

一、售出杂花回丝,洋三万三千六百四十六元零九分一厘。

一、售旧袋绳索,洋五千零五十元零五角三分。

一、售棉籽,洋二万四千四百零八元七角七分。

一、存机房花纱五万五千零五十七磅,洋一万四千零九十二元九角七分八厘。

一、收轧花厂花衣,洋三十五万二千三百三十七元零五分五厘。

一、存又籽花三十四万二千四百斤,洋四万一千零八十八元。

一、存杂花栈杂花回丝四百十一包,洋一千零三十七元四角。

一、存花栈花包五千五百七十五只,洋一千一百十五元。

一、收房租,洋二千五百九十二元九角六分三厘。

一、收电灯租,洋一万三千三百十六元一角六分一厘。

一、收便田租,洋一百五十元。

一、收坑租,洋二百六十元。

一、收股费,洋三元九角五分。

一、收赔款,洋二千五百七十五元二角二分二厘。

一、收物料丈,洋二千三百七十二元九角七分。

一、收源来,洋六百四十五元三角七分五厘。

一、收汇源,洋一万一千九百三十元零五角二分四厘。

一、收栈力,洋二千二百八十二元四角九分。

一、收回佣,洋八百四十四元四角二分五厘。

一、收贴水,洋二千一百零九元五角七分九厘。

共收洋二百零八万四千九百五十四元五角零五厘。

支出:

一、支原料印衣一千件,洋八万二千五百六十八元二角九分四厘。

一、支又安姚衣三万六千三百五十七包半,洋一百廿三万三千六百四十八元八角六分九。

一、支又散花一千二百七十八磅二五,洋三百八十三元四角七分五厘。

一、支轧花厂籽花二万六千三百廿八包半,洋三十九万八千七百七十七元三角二分五厘。

一、支出口纱税捐、水脚,洋二万九千五百九十二元七角一分九厘。

一、支栈租,洋二百八十四元六角六分六厘。

一、支庄息,洋七万一千六百十九元三角五分七厘。

一、支煤炭,洋四万一千三百十元零三角四分六厘。

一、支俸给,洋四千三百八十元零零一分。

　　一、支各房男女工匠工,洋九万六千一百五十元零六角四分九厘。

　　一、支各房物料,洋三万零零零五元三角三分九厘。

　　一、支成包物料,洋一万二千一百四十五元八角二分五厘。

　　一、支保火险,洋一万二千六百十七元七角五分四厘。

　　一、支修理,洋一千八百九十七元一角三分九厘。

　　一、支电报费,洋四十七元八角四分四厘。

　　一、支旅川,洋一百六十九元九角八分。

　　一、支福食零用,洋七千三百六十五元七角六分八厘。

　　一、支杂项,洋四千一百九十五元五角五分九厘。

　　一、支提驳,洋五百七十六元八角三分一厘。

　　一、支善举,洋四百七十一元七角七分三厘。

　　一、支捐款,洋一千四百九十四元八角三分八厘。

　　一、支批发所缴,洋七百五十二元五角零五厘。

　　一、支官利,洋四万八千元。

共支出洋二百零七万八千四百五十六元八角六分四厘。

除收付过,揭盈余洋六千四百九十七元六角四分一厘。

原　引

　　宁波为浙东要口，人烟稠密，纱、布两项尤民生所必需。自道光通商以来，渐由外洋输入，核计岁溢之利约数百万金。光绪二十年间，郡绅创设通久源纺织公司，所出之纱不敷内地之用，以致洋纱入口仍复年盛一年。钊等有鉴于此，亟图挽救，爰约同志于光绪三十一年创办和丰纺织股份有限公司，公举戴君瑞卿为总经理、周君熊甫为副经理。一切机件均购自英国名厂，特聘日本头等技师教导工人顺序，督率始于三十三年全厂机器开齐。纺成之纱质匀色白，虽东洋头等之纱亦无以过之，是以南北各埠争来购订者络绎不绝，奈限于出数犹未能尽偿客愿。此本厂开办时之情形也。至三十四年春，周君告退。是年十月，戴君复以效果未著，坚欲辞职，于是公请励长华君经理厂务，以重事权。钊等复邀集各董议添锭子，力求发达，而厂缴亦可摊省。不意去年添锭后仍未大见成效，而励君长华亦因事辞职。旧腊，各董事会议咸推钊为经理。噫！昔钊与诸君不顾诽谤，不辞劳怨，戮力同心，创就此厂，无非为抵制外溢之利，供给内地之用，藉以养地方食力之民起见，洒时阅四载，未克奏效，抚心能不闷闷？辱承诸君剀切相劝，委钊经理，钊忝膺总董，厂务盛衰，与有责焉。自维谫陋，勿克肩任艰钜，而目击情形有不能不勉极驽骀，以承厥乏。但近来市面恐慌，金融机关殊多窒碍，本厂既经加锭，资用较巨。兹由各董议定照公司律设公债券，以相维持，定额四十万元，长年一分起息，八年内悉数提还，以照信用，而巩基础，务望热诚诸公扶持实业，踊跃输将，尤愿各董协力同心，匡我不逮，庶几厂业得以蒸蒸日上，永固利源，藉以副各股东殷殷付托之雅意焉。

　　　　　　　　　　　　　　　　　总董兼任经理顾钊谨启

宁波和丰纺织有限公司第四届办理情形节略[①]

敬启者：本公司自光绪三十二年开办，所有三十三年起、至宣统元年止三届帐略情形均经报告周知。兹自宣统二年正月起、十二月止为第四届结帐，应将办理大略情形明晰宣布。本届因各庄进花吃亏，兼而工程减色，以致未能获利。虽略有盈余，尚属不敷官息，良深负疚。至电灯新公司业经成立，所有前议移归电机、线杆、余料等件帐目均已揭算清楚，是则本公司净存新公司股本洋五万元。今年二月初十日开股东会，公同决议所有积存第二届戊申年盈余，第三届己酉年官利、盈余及本届庚戌年所余共洋七万五千余元，即以此款将丁未年亏耗及物料磨销折成并开办前预息共洋七万一千余元全数折销，并将创办费内折去零数，以归核实，藉固根基。长华年迈无能，办理未臻妥善，有负委任，惶愧奚如。兹已告退，理合将本届办理情形并收支各款开列报告，伏维公鉴。

总董顾钊、戴勋、卸事总理励长华

宣统三年二月　日宁波和丰纺织有限公司谨启

按：该公司于清宣统三年(1911年)二月初十日在宁波商务总会召开股东会。会上，由公司前总理励长华报告庚戌年(宣统二年)即第四届帐略，其他议决内容详见宁波市档案馆编《宁波和丰纺织公司议事录》第17—18页。

---

① 此标题原无，系编著者加。

公司出入总帐

收入：

一、该股本,洋六十万元。

一、该薇瑞堂,洋五万二千一百七十五元。

一、该薇瑞堂,元三万一千六百二十两。

一、该乾丰,元五千二百五十两。

一、该乾丰,洋三万一千二百四十元。

一、该吴季记,洋一千元。

一、该添锭借款,洋九万六千元。

一、该本单,洋九万七千八百七十元。

  计开：

   源记,洋三万零一百八十元。

   福记,洋八千三百三十六元。

   慎丰,洋五千二百十元。

   鼎恒,洋一万零四百二十元。

   乾恒,洋一万五千六百三十元。

   瑞康,洋五千二百十元。

   晋恒,洋一万零四百二十元。

   震恒,洋一万零四百二十元。

   升泰,洋二千零四十四元。

一、该本单,元三十四万零七百五十六两五钱。

  计开：

   绪记,元一万零四百三十七两五钱。

德记,元一万零四百三十七两五钱。
永记,元二万零九百二十五两。
恒记,元二万一千零五十两。
泰记,元二万一千零五十两。
金仁记,元五千二百七十两。
恒记,元三千一百五十七两五钱。
源记,元五千二百六十二两五钱。
范子渭,元一万零五百二十五两。
钜丰,元五千二百六十二两五钱。
钜康,元五千二百六十二两五钱。
成丰,元五千二百六十二两五钱。
慎丰,元五千二百六十二两五钱。
信源,元五千二百六十二两五钱。
鼎昌,元五千二百六十二两五钱。
万春,元五千二百六十二两五钱。
赘馀,元五千二百六十二两五钱。
慎康,元五千二百六十二两五钱。
咸康,元五千二百六十二两五钱。
乾恒,元三万一千五百七十五两。
升丰,元三万一千五百七十五两。
泰巽,元一万零五百二十五两。
鼎恒,元二万一千零五十两。
同春,元一万五千七百八十七两五钱。
震恒,元三万一千五百七十五两。
晋恒,元一万零五百二十五两。

永曦堂,元二万七千四百零四两。
一、该银总,洋五十三万三千二百五十八元零二分八厘。
一、该周庄,洋一百四十元。
一、该未支官利,洋一千零七十一元三角四分三厘。
一、该存工,洋二十九元。
一、该湧记存煤,元一万零九百五十三两五钱。
一、该王永记脚花定金,元一千二百两。
一、该仁生,洋一千元。
一、该必亨,洋一百零五元六角六分。
一、该必亨脚花定金,元一千二百两。
一、该开期花款,洋十七万零六百三十八元四角。
　　计开:
　　星号,洋三万五千零九十二元。
　　通和,洋二万六千二百六十四元。
　　新永顺,洋四万二千二百十八元。
　　恒顺,洋六千六百二十六元。
　　振昌,洋七千一百十元零四角。
　　大同,洋八千八百八十八元。
　　瑞茂,洋四万四千四百四十元。
一、该到期纱款,洋十万零八千一百三十二元二角五分五厘。
　　计开:
　　永记,洋一万七千三百五十七元一角七分五厘。
　　益丰,洋五千零六十元零八角八分。
　　公记,洋七万二千二百四十五元二角五分。
　　和丰昌,洋一万三千四百六十八元九角五分。

一、该探租,洋二百六十元。

一、该盈余,洋三百十六元六角六分五厘。

共收入洋一百六十九万三千二百三十六元三角五分一厘,共收入元三十九万零九百八十两。

支出:

一、存产业,洋三十四万四千五百零九元零五分三厘。

一、存机器,洋四十万零四千九百四十一元三角三分。

一、存新机器,洋十三万九千三百五十八元五角四分八厘。

一、存新配件,洋一万一千五百八十八元二角七分。

一、存电灯机,洋三万六千七百七十一元四角零五厘。

一、存电灯公司股本,洋五万元。

一、存生财,洋四千五百二十五元八角七分九厘。

一、存添造,洋一万六千七百零一元零三分九厘。

一、存创办费,洋八万元。

一、存内物料,洋一万九千元。

一、存栈本较花四百八十五包,四十四元算,洋二万一千三百四十元。

一、存栈一百廿砠花衣七千九百九十九包,四十三元算,洋三十四万三千九百五十七元。

一、存栈一百廿七砠花衣一千二百七十七包,四十五元算,洋五万七千四百六十五元。

一、存栈一百四十砠花衣三十包,五十元算,洋一千五百元。

一、存栈一百廿砠二百四十四包半,廿八元算,洋一千二百四十六元。

一、存栈十支纱六千六百零七只,三元七角算,洋二万四千四百四十五元九角。

一、存栈十二支纱五千五百九十二只,三元八角五分算,洋二万一千五百二十九元二角。

一、存栈十四支纱九百四十八只,四元算,洋三千七百九十二元。

一、存栈麻袋五千八百八十九只,三角五分算,洋二千零六十一元一角五分。

一、存栈花袋大,一万二千五百廿七只,二角算;花袋小,一万二千三百十六只,一角算,洋三千七百三十七元。

一、存栈物料,洋二万四千一百十一元五角六分五厘。

一、存栈花籽七万斤,一元五角算,洋一千零五十元。

一、存栈煤炭一千七百三十八吨二五,洋一万三千七百二十七元四角九分五厘。

一、存栈杂花一万四千二百廿四斤,二角算,洋二千八百四十四元八角。

一、存机房花纱七万四千一百三十磅半,洋一万八千二百五十七元六角一分六厘。

一、存乾恒,洋八百零四元九角七分七厘。

一、存鼎恒,洋一千零七十六元六角七分。

一、存周庄生财,洋五百元。

一、存周庄垫租,洋一百四十六元。

一、存戴瑞记,洋九百六十七元三角四分二厘。

一、存戴德房林姓屋,洋二千七百八十八元九角八分。

一、存北庄未结,洋七千零七十七元二角四分六厘。

一、存童庄生财,洋一千七百九十一元七角。

一、存招商局往来,洋二千九百四十元。

一、存样纱,洋五十一元九角三分四厘。

一、存东源栈煤,洋一千五百二十元零三角九分五厘。

一、存东源栈煤,元五十二两零九分九厘。

一、存银总,元三十九万零九百二十七两九钱零一厘。

一、存庄息未到期,洋一万八千元。

一、存保险未到期,洋五千元。

一、存现洋,洋二千一百十元零八角五分五厘。

共支出洋一百六十九万三千二百三十六元三角五分一厘,共支出元三十九万零九百八十两。

　　　　　　核对无讹。查帐人张斐章　押、范烈笙　押

公司盈亏之数

收入:

一、售出十支纱三十九万二千七百四十二只,洋一百三十八万七千七百十八元八角四分一。

一、售出十二支纱十一万六千四百七十六只,洋四十二万零二百四十三元五角七分三厘。

一、售出十四支纱三万七千六百六十八只,洋十三万七千五百十四元九角三分八厘。

一、售出十六支纱一百十七只,洋四百五十四元八角三分五厘。

一、售出杂花回丝,洋四万五千五百五十三元九角一分六厘。

一、存机房花纱七万四千一百三十磅半,洋一万八千二百五十七元六角一分六厘。

一、收轧花厂花衣一万三千九百五十四包,重一百六十四万七千二百四十二斤,洋六十万零八千二百四十六元。

一、收轧花厂二白衣二百九十八包,重三万五千四百斤,洋七千八百五十元零四角。

一、收轧花厂花核二百七十五万九千三百十斤,洋四万四千七百四十一元一角二分八厘。

一、收花袋,洋五千二百八十八元七角三分。

一、收罚款,洋七百三十六元六角四分。

一、收贴水,洋二千五百五十四元五角八分三厘。

一、收赔款,洋二百六十五元三角一分五厘。

一、收改股费,洋十三元五角。

一、收便田价,洋二百八十六元。

一、收房租,洋二千五百四十六元一角二分。

一、收电灯租,洋六十七元六角零三厘。

一、收坑租,洋二百六十元。

一、收栈力,洋一千八百元零零五角八分。

一、收汇源,洋三千一百六十元零六角六分八厘。

共收入洋二百六十八万七千五百六十元零九角八分六厘。

支出:

一、支轧花厂籽花三万四千二百五十五袋,净重四百五十八万零九百五十三斤半,洋六十五万六千六百零三元五角七分四厘。

一、支原料本较花一万四千零七十九包,洋六十一万四千八百二十七元。

一、支原料一百廿砠花衣二万四千四百八十二包,洋九十六万七千四百五十一元零四分三厘。

一、支原料一百廿七砠花衣三百五十包,洋一万五千七百五十元。

一、支原料一百三十二砠花衣一百廿包,洋五千五百二十元。

一、支原料一百四十砠花衣九百四十五包半,洋四万七千二百七十五元。

一、支原料散花六万六千三百十九斤,洋二万二千九百九十三元零六分。

一、支机房旧存花纱五万五千零五十七磅,洋一万四千零九十二元九角七分八厘。

一、支福食,洋八千六百七十二元二角零四厘。

一、支零用杂项,洋一千五百二十元零一角六分九厘。

一、支庄息,洋七万九千九百三十五元九角一分。

一、支保险,洋一万二千八百七十四元四角一分四厘。

一、支电费,洋二十一元四角七分三厘。

一、支捐款,洋五百六十一元四角九分。

一、支善举,洋一千三百六十五元二角零四厘。

一、支栈租,洋四百三十八元八角。

一、支旅费,洋一百零六元六角九分。

一、支出口纱水脚、税饷,洋二万七千一百二十七元四角三分七厘。

一、支提驳,洋四百十七元七角九分三厘。

一、支批发所缴,洋六百八十五元七角零三厘。

一、支帐房俸给,洋三千六百十九元八角五分。

一、支各房月俸及男女工匠,洋十万零四千零十五元七角四分七厘。

一、支各房物料,洋二万八千八百九十二十三元零八分一厘。

一、支打包房物料,洋一万二千七百六十二元二角零八厘。

一、支煤炭,洋三万九千三百九十七元。
共支出洋二百六十六万六千九百五十七元八角二分八厘。
除支过,揭丈洋二万零六百零三元一角五分八厘。

折成附录：
一、己酉官利,洋四万八千元。
一、戊申盈余,洋二百十五元八角四分一厘。
一、己酉盈余,洋六千四百九十七元六角四分一厘。
一、庚戌盈余,洋二万零六百零三元一角五分八厘。
共计盈余洋七万五千三百十六元六角四分。
一、支销丁未年亏耗,洋三万三千一百八十二元零五分九厘。
一、支销开办以前预息,洋三万六千六百十八元四角五分。
一、支销创办费,洋二千九百九十一元七角零四厘。
一、支销丁未年内物料磨销折成,洋二千二百零七元七角六分二厘。
一、支存并入第五届盈余,洋三百十六元六角六分五厘。
共计支销洋七万五千三百十六元六角四分。

谨再启者：本公司自开办以来迄今五载,成效可期,无俟赘述。去年增建厂房,添锭加机,力图推广,不数月新机开行,出纱之发达已越寻常。然出纱既多,购备棉花尤为要务。今本公司纺锭已添至三分之一,而运款较之昔年必须增加十分之四。方今时世艰难,金融恐慌,而本公司适当其冲,若不设法维持,则办事人何从措手？于是公议发卖优先股或公债券,以善其后。此两项办法已于本月初十日在商务总会开股东寻常会提出核议,经到会各股东研究再四,总以勿抵触商律为正办,并须于股东权利无所侵占,则公司能受其益者,莫如公债券。而此项公债券既无红利，是以公议债券常息必须从优。到会各股东全体赞成，并当场认定三十万元，爰议定条规如左：

一、发卖债券计银元四十万元，即日报部立案。

一、公息周年一分算，闰月不计。

一、发卖日期二月初十为始，五月底截止。

一、偿还期限分作八年，定宣统五年五月三十日为第一期，以后每年陆续摊还本息并给。

一、凡购本公司债券者，其款一次缴足，随给收条为凭，俟债券签印后，即当登报换给。

一、此项债券非中国人不得购买。

一、此项债券或未逾期而额已满，随即登报截止。

一、本公司股东欲购此项债券者虽数已足，本公司亦须代向董事局初认者商让，以昭平匀，然必须在限期内。

宁波和丰纺织股份有限公司第五届办理情形节略

敬启者：本公司自前清光绪三十二年开办，所有三十三年起、至宣统二年止四届帐略情形均经报告周知。兹自宣统三年正月起、中华民国元年二月十七日即阴历十二月底止为第五届结帐，应将办理大略情形明晰宣布。本届营业，春夏两季尚称发达，不意闰六月间大风淫雨为灾，车房屋顶骤被吹折，因此停车一星期，计所损失及修理等费约耗洋七八千元。迨至秋初，新花歉收，货劣而价高。其时适本厂存花告罄，是以自阴历七月二十三日起复停车一星期，赶于此数日内极力设法向青岛、通州各埠采办高燥花衣，乃得于八月初一日先开单班，初八日续开双班。甫及旬日，武汉事起，各埠市面牵动，纱销顿滞，然本厂为工人生机起见，犹勉力支持。延至九月底，金融益形恐慌，碍难周转，万不得已始行停车。幸上半年稍获余利，故至年底汇总揭算尚仗盈余洋七万四千余元。查本届应发官利原可照给，奈因前年添锭借款尚未偿还，兼以美花之帐亦未揭清，在在均须巨款，只得仍将官利停发，以固厂基。钊忝膺艰钜，深惭蚊负，天时、人事相迫而来，虽竭尽驽骀，能无引疚？理合将本届办理情形并收支各款开列报告，伏维公鉴。

    总董戴勋、经理顾钊、坐办魏振勋、会计张同彝
  中华民国元年三月 日宁波和丰纺织有限公司谨启
  按：该公司于民国元年（1912年）三月十日（壬子年正月二十二日）下午在宁波商务总会召开股东常会，议决各项内容详见宁波市档案馆编《宁波和丰纺织公司议事录》第19—20页。

公司出入总帐

收入：

一、该股本,洋六十万元。
一、该添锭借款,洋九万六千元。
一、该又息,洋三千八百四十元。
一、该公债券,洋十四万五千二百元。
一、该又元昌,元二万二千两。
一、该又息,洋一万一千六百六十元。
一、该薇瑞堂,洋三万八千一百五十三元一角四分五厘。
一、该湧记,元一万五千两。
一、该成记,元九十三两零五分四厘。
一、该本单,洋十九万一千七百二十元。
　　计开：
　　成丰,洋四千零六十四元。
　　慎丰,洋一万二千一百九十二元。
　　益丰,洋一万二千一百九十二元。
　　同春,洋一万三千二百零八元。
　　泰记,洋一万三千二百零八元。
　　震恒,洋一万四千二百二十四元。
　　鼎恒,洋二万六千四百十六元。
　　乾恒,洋一千零十六元。
　　慎康,洋六千零九十六元。
　　咸康,洋五千零八十元。

　　　　晋恒,洋二万四千三百八十四元。
　　　　慎馀,洋六千零九十六元。
　　　　泰巽,洋一万三千二百零八元。
　　　　赉馀,洋一万八千二百八十八元。
　　　　万春,洋三千零四十八元。
　　　　钊记,洋一万九千元。
一、该锤训记,洋五百元。
一、该招商局,洋一百八十三元九角六分七厘。
一、该存工,洋十六元除一元。
一、该未支官利,洋七百四十五元六角四分四厘。
一、该暂记,洋九十六元零三分。
一、该探租,洋一百三十元。
一、该盈余庚戌,洋三百十六元六角六分五厘。
一、该银总,洋四万三千一百四十一元三角二分三厘。
一、该盈余本年,洋七万四千一百六十一元零零四厘。
　　共收入洋一百二十万零五千八百六十二元七角七分八厘,共收入元三万七千零九十三两零五分四厘。

支出:
一、存产业,洋三十四万四千五百四十七元零五分三厘。
一、存机器,洋四十万零四千九百四十一元三角三分。
一、存新机器,洋十三万九千三百五十八元五角四分七厘。
一、存电灯机,洋三万六千七百七十一元四角零五厘。
一、存新配件,洋一万四千六百零二元六角零六厘。
一、存添造,洋一万六千七百零一元零三分九厘。

一、存生财，洋五千六百四十七元二角二分一厘。

一、存内物料，洋一万九千元。

一、存创办费，洋八万元。

一、存电灯公司股本，洋五万元。

一、存水龙物件，洋一千一百六十三元五角。

一、存周庄，洋九百九十四元八角零五厘。

一、存又生财，洋一千零十四元七角九分九厘。

一、存北庄，洋七千零三十一元二角四分六厘。

一、存童庄，洋一千七百九十一元七角。

一、存饭房，洋一千零五十四元九角三分二厘。

一、存戴德房，洋二千七百零六元八角五分。

一、存钊记，银三千两。

一、存暂记麻袋布，银二千一百两。

一、存东源煤，银五十二两零九分九厘。

一、存又，洋一千五百二十元零三角九分五厘。

一、存物料栈，洋二万一千九百四十八元七角八分二厘。

一、存煤炭二千七百七十六吨七五，洋二万零六百三十七元五角四分八厘。

一、存厂房花纱三万六千五百四十六磅半，洋九千六百三十五元五角八分六厘。

一、存花栈一百廿砠花衣四十八包，三十元算，洋一千四百四十元。

一、存又一百廿七砠花衣二百零六包，四十元算，洋八千二百四十元。

一、存又艸包申衣四百五十三包，二十元算，洋九千零六十元。

一、存又申南衣二十一包，三十元算，洋六百三十元。

一、存又一百廿砠二白衣二包半，二十元算，洋五十元。

一、存又麻袋七千八百八十九只，洋三千一百二十一元一角五分。

一、存纱栈十支纱二百五十九只，三元四角算，洋八百八十元零六角。

一、存又十二支纱五十一只，三元五角算，洋一百七十八元五角。

一、存样纱，洋一百十六元八角七分四厘。

一、存现洋，洋一千零七十六元三角一分。

一、存银总，元三万一千九百四十两零九钱五分五厘。

共支出洋一百二十万零五千八百六十二元七角七分八厘，共支出元三万七千零九十三两零五分四厘。

核对无讹。查帐人张斐章、范烈生　押

公司盈余之数

收入：

一、售出十支纱四十七万零六百七十九只，洋一百七十五万三千四百零一元五角三分四。

一、售出十二支纱八万一千三百二十一只，洋三十二万九千七百七十五元二角五分。

一、售出十四支纱二万五千一百三十五只，洋十万零三千七百六十六元零八分二厘。

一、售出杂花回丝，洋三万四千零三十三元三角四分五厘。

一、售出花袋，洋五千五百七十一元零三角三分六厘。

一、存过年栈房花纱三万六千五百四十五磅半，洋九千六百三十五元五角八分六厘。

一、收轧花厂花衣三千六百二十九包，洋十三万零七百二十九元。

一、收又花籽六十万零六千六百三十斤，洋九千零三十五元九角二分三厘。

一、收仗源等,洋九千一百十八元九角二分六厘。

一、收房租,洋一千七百五十六元四角七分五厘。

一、收电灯费,洋七十二元六角七分。

一、收坑租,洋三百十元。

一、收栈力,洋一千八百八十二元八角七分九厘。

一、收便田价,洋二百十八元。

共收入洋二百三十八万九千三百零六元零零六厘。

支出:

一、支轧花厂籽花七千八百零九包,洋十三万五千一百三十七元七角零二厘。

一、支机房花纱十万零九百七十磅零半,洋二万六千七百九十六元八角一分六厘。

一、支原料一百廿砠花衣三万七千八百七十八包半,洋一百六十三万三千八百三十六元八角六分四厘。

一、支又一百廿七砠花衣三千二百零八包,洋十五万八千三百八十五元一角四分九厘。

一、支又一百四十砠花衣五十五包半,洋二千八百零九元八角八分四厘。

一、支又乱砠花衣一千七百二十四包,洋五万二千一百六十九元三角四分一厘。

一、支各房物料,洋一万三千三百二十四元九角四分二厘。

一、支成包物料,洋一万五千八百九十七元九角六分。

一、支煤炭四千一百零六吨二五,洋三万二千八百五十元。

一、支俸给及各房男女工匠工,洋九万四千六百五十三元九角八分一厘。

一、支福食,洋六千九百零一元三角六分一厘。

一、支零用杂项,洋二千八百九十七元七角五分。

一、支现洋贴水,洋二千七百四十八元五角五分一厘。

一、支庄息,洋五万三千七百四十九元零六分一厘。

一、支出口纱税川,洋三万五千九百六十四元五角二分五厘。

一、支捐款、善举,洋一千三百六十八元八角五分七厘。

一、支酬费等项,洋二千八百十五元七角四分七厘。

一、支保险,洋一万八千五百八十九元四角三分三厘。

一、支周庄缴用,洋二千六百九十九元五角一分五厘。

一、支批发所缴用,洋一百六十五元五角六分。

一、支修理,洋五千八百八十二元零零三厘。

一、支借款息,洋三千八百四十元。

一、支公债券息,洋一万一千六百六十元。

共支出洋二百三十一万五千一百四十五元零零二厘。

除收付,揭盈余洋七万四千一百六十一元零零四厘。

宁波和丰纺织股份有限公司第六届办理情形节略

敬启者：本公司自前清光绪三十二年开办，所有三十三年起、至民国元年二月十七日即阴历辛亥十二月底止五届帐略情形均经报告周知。兹自民国元年二月十八日即阴历壬子正月起、至民国二年二月五日即阴历壬子十二月底止为第六届结帐，应将办理大略情形明晰宣布。查本届营业，自前年九月军兴停车后，几乎一蹶不振。去岁正月间竭力图维，始开单班，三月朔继开双班，春夏两季固沾微利。八九月新花登场，渐形发达。年终汇结，约揭毛丈洋三十余万元，连前年盈余合计共丈洋三十八万余元，除照给官利、花红并开销各项修理约计八万余元外，并将美花折耗、存内物料、北庄、童庄、饭房等款全行开除，及创办费、电灯股本两项折成共需洋十余万元，除过净丈本届盈余洋十八万元，内应派给首次添锭红利一万七千余元、提存公积五万余元，计实收股东盈余洋八万余元，以资营运。惟本公司创办时所购锅炉、引擎以及厂基、地皮足敷三万锭之额，今只一万七千锭，出纱少而一切工缴颇不合算。去腊经董会决议扩充，今春再添纺锭五千六百枚，并添筑厂房两幢、洋栈一座，其添造费当承股实股董允借二十万元，不动厂本，俾厂基固而成效速，亮亦诸股东所赞同也。钊以菲才，谬承斯乏，值此时艰，深虞陨越，维望此次添锭之后，营业益形发达，庶几不负股东付托之重，是亦钊区区之苦心也。敬将本届办理情形并收支各款详列报告，伏维公鉴。

总董戴勋、经理顾钊、协理魏振勋、坐办张同彝
中华民国二年四月　日宁波和丰纺织有限公司谨启
按：该公司于民国二年（1913年）四月十日（癸丑年三月初四

日)下午在宁波商务总会召开股东会。会上,由查帐员张斐章报告壬子年(民国元年)即第六届帐略,其他议决内容详见宁波市档案馆编《宁波和丰纺织公司议事录》第23—24页。

公司出入总帐

收入:

一、该股本,洋六十万元。

一、该薇瑞堂,洋二万四千五百零四元五角二分六厘。

一、该本单,洋十三万零三百十元。

计开:

鼎恒,洋二万零八百四十元。

晋恒,洋二万零八百四十元。

震恒,洋一万零四百二十元。

泰记,洋一万零四百二十元。

裕记,洋五千二百十元。

生生,洋五千二百十元。

慎康,洋五千二百十元。

慎馀,洋五千二百十元。

慎丰,洋五千二百十元。

慎丰萃记,洋五千二百十元。

泰巽,洋五千二百十元。

泰涵,洋五千二百十元。

成丰,洋五千二百十元。

金仁记,洋二万零九百元。

一、该本单,元七万七千五百八十三两三钱三分。
　　计开:
　　景康,元二万零六百四十两。
　　湧记,元一万五千六百三十两。
　　元昌,元一万五千四百八十两。
　　元昌,元二万五千八百三十三两三钱三分。
一、该存款,元七千一百二十两零八钱八分八厘。
　　计开:
　　裕记,元四千零二十七两五钱五分五厘。
　　周晋记,元三千零九十三两三钱三分三厘。
一、该存款,洋八万零八百六十七元三角一分二厘。
　　计开:
　　眉寿记,洋三千元。
　　若愚,洋五千元。
　　盛怡怡堂,洋二千元。
　　锺训记,洋五百元。
　　隆公祀,洋二百元。
　　重英集,洋四百五十四元七角。
　　王兆记,洋八百十一元六角六分六厘。
　　福记,洋一千零三十三元三角三分三厘。
　　完赵书屋,洋一万零二百十四元五角零三厘。
　　李敬记,洋四千六百二十二元九角五分八厘。
　　成殓公所,洋一千零四十元。
　　顾元祀,洋七千三百四十三元。
　　六邑公款,洋一千零七十一元一角三分六厘。

　　　　四贤堂,洋三万三千九百六十二元五角。
　　　　乌陈氏,洋四百元。
　　　　耕靛氏,洋四百元。
　　　　魏福记,洋五百元。
　　　　魏馨记,洋一千元。
　　　　魏汉记,洋一千元。
　　　　和记,洋三千元。
　　　　应善记,洋一千元。
　　　　吉庆老会,洋三百十三元五角一分六厘。
　　　　杏记,洋四百元。
　　　　宏记,洋一千六百元。
一、该首次添锭借款,洋七万二千元。
一、该公债券,洋十四万五千二百元。
一、该又息,洋二万六千一百八十元。
一、该未支官利,洋六百八十一元六角四分四厘。
一、该暂记,元四百七十三两二钱八分。
一、该又,洋一千一百九十二元。
一、该魏炎记,洋六百元。
一、该张雩记,洋一百十元零六角。
一、该银总,洋四万一千七百九十六元零六分六厘。
一、该裕昌煤款,元二千二百八十四两八钱。
一、该元昌往来,元四百十二两一钱七分七厘。
一、该又,洋四百零四元零四分。
一、该新顺纱款,洋三万七千五百元。
一、该恒久纱款,洋二万五千一百七十一元一角四分。

一、该大新纱款,洋二万五千元。

一、该又新纱款,洋一千零零四元六角四分。

一、该益丰纱款,洋一万二千五百元。

一、该纯记纱款,洋九千八百五十九元六角五分。

一、该大丰纱款,洋二万七千二百零六元。

一、该贸兴油花,洋二千二百五十九元五角六分四厘。

一、该探租,洋二百三十一元五角。

一、该官利,洋四万八千元。

一、该董事酬劳,洋四千八百元。

一、该本届盈余作十八万八成,洋十万零二千八百五十八元,内应派给添锭红利洋一万七千一百四十二元。

一、该本届公积作十八万四成,洋五万一千四百二十八元。

共收入元八万七千八百七十四两四钱七分五厘,共收入洋一百四十七万一千六百六十四元六角八分二厘。

支出:

一、存产业,洋三十四万二千三百十一元零五分三厘。

一、存新旧机器,洋五十四万六千八百二十九元二角三分五厘。

一、存备存机件,洋一万三千三百三十五元二角七分六厘。

一、存电灯机,洋三万六千七百七十一元四角零五厘。

一、存生财,洋八千六百五十一元四角。

一、存庚戌添造,洋一万六千七百零一元零三分九厘。

一、存电力公司股本,洋一万五千元。

一、存创办费,洋五万元。

一、存周庄生财,洋八百六十七元八角。

一、存申庄生财，洋一百十二元五角。

一、存栈姚花一二砠七千一百十九包，三十元零七角算，洋二十一万八千五百五十三元三角。

一、存栈青岛花七百九十六包，廿七元算，洋二万一千四百九十二元。

一、存栈本较花一千六百五十包，廿八元算，洋四万六千二百元。

一、存栈籽花一千一百五十袋，十五元算，洋一万七千二百五十元。

一、存栈十支纱一万三千一百六十只，三元二角算，洋四万二千一百十二元。

一、存栈十二支纱六千四百四十九只，三三四算，洋二万一千五百三十九元六角六分。

一、存栈十四支纱三千零廿八只，三四五算，洋一万零四百四十六元六角。

一、存栈麻袋一万一千八百八十九只，洋四千九百九十一元一角五分。

一、存栈物料，洋二万零二百十六元四角一分二厘。

一、存栈煤九百五十七吨二五，洋五千三百七十八元二角七分七厘。

一、存栈杂花四百十六包，洋五千六百九十三元四角六分。

一、存栈花袋九千六百十只，洋九百六十一元。

一、存车房花纱四万三千一百六十四磅半，洋九千一百六十三元五角八分六厘。

一、存元益庄，洋五千元。

一、存生生庄，洋七百八十九元八角五分一厘。

一、存浙江银行，元九百两零零四钱九分五厘。

一、存兴业银行,元二万五千七百四十四两四钱四分六厘。

一、存景康纱款,元二万九千七百七十五两。

一、存银总,元三万一千四百零二两四钱三分五厘。

一、存东源口煤,元五十二两零九分九厘。

一、存又,洋一千五百二十元零三角九分五厘。

一、存戴德房,洋二千三百九十四元七角七分七厘。

一、存孙馀生,洋三千元。

一、存周庄往来,洋一千三百七十元零八角七分二厘。

一、存恒安会水龙,洋五百元。

一、存样纱,洋九十六元四角七分四厘。

一、存现存,洋二千四百十五元一角六分。

共支出元八万七千八百七十四两四钱七分五厘,共支出洋一百四十七万一千六百六十四元六角八分二厘。

核对无讹。查帐人张斐章、范烈生　押

公司盈亏之数

收入:

一、售出十支纱五十万零四千五百九十一只,洋一百六十一万零九百三十三元五角。

一、售出十二支纱九万九千二百九十一只,洋三十四万七千六百九十四元七角八分四厘。

一、售出十四支纱三万九千三百五十一只,洋十四万一千七百八十八元三角三分九厘。

一、售出十六支纱四千零廿二只,洋一万四千一百元零零七角三分四厘。

一、售出杂花回丝等，洋三万五千五百七十五元二角九分。

一、售出花袋，洋六千六百五十七元七角三分五厘。

一、存车房花纱四万三千一百六十四磅半，洋九千一百六十三元五角八分六厘。

一、收轧花厂花衣六千一百零八包，洋十七万九千九百六十九元。

一、收又花核，洋一万六千三百零八元八角二分五厘。

一、收贴水回佣，洋一千二百九十四元二角二分七厘。

一、收房租、坑租、便田，洋三千四百五十一元五角七分九厘。

一、收栈力，洋三千七百九十六元九角七分五厘。

一、收源来，洋二千零三十六元七角。

共收入洋二百三十七万二千七百七十一元二角七分四厘。

支出：

一、支原料姚花一二砠三万三千五百七十四包，洋一百十二万零三百六十九元七角三分三厘。

一、支又姚花一百廿七砠五百五十四包，洋二万二千三百七十五元二角五分七厘。

一、支又姚花一四砠六百四十三包，洋二万七千一百三十一元七角六分。

一、支又草包申衣九百七十四包，九万二千七百四十磅，洋二万一千三百二十二元七角二分三厘。

一、支又乱砠花衣四百七十六包，五万零三百九十八斤，洋一万二千六百四十九元一角六分。

一、支又青岛花七千包，八十八万七千二百五十磅，洋二十万零三千五百七十五元九角二分六厘。

一、支又本较花四千四百五十八包,五十二万二千二百廿五斤,洋十三万三千七百六十九元。

一、支又美花一百五十包,七万四千一百十三磅,洋二万二千八百零九元九角一分。

一、支又汉花一百包,二万二千一百三十六磅,洋四千三百七十一元四角一分三厘。

一、支又旧过年花纱三万六千五百四十五磅半,洋九千六百三十五元五角八分六厘。

一、支轧花厂籽花一万四千二百五十五袋,洋十九万四千七百八十一元七角。

一、支成包物料,洋一万七千三百八十三元九角五分四厘。

一、支各房物料,洋一万九千七百四十三元一角五分三厘。

一、支煤炭,洋三万四千六百二十八元。

一、支福食,洋六千九百十四元五角六分八厘。

一、支杂项,洋二千二百五十二元二角八分一厘。

一、支提驳,洋六百九十六元八角二分三厘。

一、支酬费、善举等,洋七千一百七十二元九角二分五厘。

一、支修理,洋七千四百五十四元一角二分八厘。

一、支庄息,洋五万五千五百零九元四角五分一厘。

一、支官利,洋四万八千元。

一、支出口纱水脚、税饷,洋三万四千二百九十八元一角六分三厘。

一、支批发所缴用,洋三百十元。

一、支申庄缴用,洋五百五十一元四角八分九厘。

一、支周庄缴用,洋二千零三十八元八角七分四厘。
一、支保险,洋一万二千九百六十三元一角七分五厘。
一、支司事俸给,洋八千八百十五元。
一、支各房男女匠工,洋九万三千二百四十七元一角二分二厘。
共支出洋二百十二万四千七百七十一元二角七分四厘。
除支过,揭盈余洋二十四万八千元。

折成附录:
一、收庚戌盈余,洋三百十六元六角六分五厘。
一、收辛亥盈余,洋七万四千一百六十一元零零四厘。
一、收壬子盈余,洋二十四万八千元。
共计盈余洋三十二万二千四百七十七元六角六分九厘。
一、支销创办费折成,洋三万元。
一、支销电灯公司股本,洋三万五千元。
一、支销内物料,洋一万九千元。
一、支销北庄庚戌回禄,洋七千零三十一元二角四分六厘。
一、支销童庄庚戌亏耗,洋一千七百九十一元七角。
一、支销饭房庚戌,洋一千零五十四元九角三分二厘。
一、支销美花折耗辛亥,洋二万三千八百八十三元一角。
一、支销存花折成本届,洋二万四千七百十六元六角九分一厘。
一、支存本届盈余十八万元八成,洋十万零二千八百五十八元,内应派给添锭红利洋一万七千一百四十二元。
一、支存本届公积四成,洋五万一千四百二十八元。
一、支销本届花红二成,洋二万五千七百十四元。
共支销洋三十二万二千四百七十七元六角六分九厘。

宁波和丰纺织股份有限公司第七届办理情形节略

敬启者：本公司自前清光绪三十二年开办，所有三十三年起、至民国二年二月五日即阴历壬子十二月底止六届帐略情形均经报告周知。兹自民国二年二月六日即阴历癸丑正月起，至民国三年一月二十五日即阴历癸丑十二月底止为第七届结帐，应将办理大略情形明晰宣布。查本届营业，遵照前年十二月初三日董会决议募集借款十五万元，添置纺锭五千六百枚，建筑厂房、栈房三幢，一切进行赖股东之福，均幸就绪。春夏两季营业颇沾微利，秋初因沪上兵警，兼以天雨过多，棉花秋成压迟而纱销亦滞。其时本公司装置新车，深恐工程嘈杂，故于八月间曾纺单班半月，俾日间各房机匠得以专工装配新机，是以获利不及春夏之优。迨新机一律装竣，新花亦源源而来，出纱之多实倍曩时，覈较工缴得以减少五分之一。比至年终汇结，约毛丈洋三十六万余元，除照给官利并提存二次添锭借款洋一万五千元外，复将创办费、产业、机器、电机、生财等折成共需洋三万八千元，除过净丈本届盈余洋二十六万元，内应派给首次添锭红利洋二万四千余元，提存公积洋七万四千余元，派给花红洋三万七千余元，计实收股东盈余洋十二万余元，合计前年盈余并两届公积共计三十余万元。谨遵甲寅年三月股东会决议筹备加股条款，拟俟乙卯春发息时，每股就原本一百元加给余利五十元，合计每股股本可得一百五十元，另换股单、息折，以资信守。又，本届股东会议决公推起草员五人修订本公司章程，现在正在纂辑，一俟草案拟就，先行刊印、分送各股东征求同意。钊以庸才，荷全体股东付托之重，用人营业，责以全权，敢不益自淬厉，奋勉从公，所望诸股东鉴其愚诚，时赐教导，俾免陨越，则固钊所馨香祷祝者已。谨将本届办理情形并收支各款详列报告,伏维公鉴。

总董戴勋、经理顾钊、协理魏振勋、坐办张同彝

中华民国三年四月　日宁波和丰纺织有限公司谨启

按:该公司于民国三年(1914年)三月二十七日(甲寅年三月初一日)下午在宁波商务总会召开股东会。会上,由查帐员张斐章报告癸丑年(民国二年)即第七届帐略,其他议决内容详见宁波市档案馆编《宁波和丰纺织公司议事录》第28—29页。

公司出入总帐

收入:

一、该股本,洋六十万元。

一、该本单,洋十五万零五百二十五元五角。

计开:

鼎恒,洋二万零三百二十元。

泰巽,洋一万零四百二十元。

晋恒,洋一万零四百二十元。

震恒,洋一万零四百二十元。

成丰,洋一万零四百二十元。

元益,洋一万零四百二十元。

泰源,洋五千二百十元。

慎丰,洋五千二百十元。

裕源,洋五千二百十元。

泰涵,洋五千二百十元。

慎康,洋五千二百十元。

　　瑞馀,洋五千二百十元。

　　生生,洋五千二百十元。

　　慎馀,洋五千二百十元。

　　慎成,洋五千二百十元。

　　宝慎,洋五千二百十元。

　　通泰,洋五千二百十元。

　　丰和,洋五千二百十元。

　　泰裕,洋五千一百六十五元五角。

　　裕记,洋五千二百十元。

　　静记,洋五千二百十元。

一、该本单,元三万一千四百十两。

　　计开:

　　元昌,元二万零九百六十两。

　　赍记,元五千二百二十五两。

　　鑫记,元五千二百二十五两。

一、该公债券,洋十二万七千零五十元。

一、该首次添锭,洋二万四千元。

一、该二次添锭,洋十五万元。

一、该魏炎记,洋三百九十四元四角一分一厘。

一、该张雩记,洋六十六元零六分五厘。

一、该盛叔记,洋八十九元八角二分。

一、该存款,洋七万七千零九十八元二角六分四厘。

一、该又,元一千一百七十八两八钱八分七厘。

一、该暂记,洋一千九百四十六元二角四分。

一、该又,元四百七十三两二钱八分。

一、该未支官利,洋二千七百六十九元六角四分四厘。

一、该新顺纱款,洋一万八千四百七十二元二角二分九厘。

一、该大丰又,洋八千五百四十元零九角六分。

一、该恒久又,洋五千八百零六元六角三分。

一、该益丰又,洋二千一百零八元四角八分六厘。

一、该协森杂花定,洋五千元。

一、该王永记,洋十四元九角五分二厘。

一、该探租,洋二百十六元一角。

一、该壬子公积,洋五万一千四百二十八元。

一、该壬子盈余,洋八万五千七百十六元。

一、该银总,洋三万零五百二十八元零零九厘。

一、该官利,洋四万八千元。

一、该董事酬劳,洋四千八百元。

一、该本届盈余,洋十四万八千五百元,内应派给首次添锭红利洋二万四千七百五十元。

一、该本届公积,洋七万四千三百元。

一、该提还二次添锭三个月,洋一万五千元。

共收入元三万三千零六十二两一钱六分七厘,共收入洋一百六十三万二千三百七十一元七角零九厘。

支出：

一、存新旧产业,洋四十万元。

一、存新旧机器,洋六十三万元。

一、存备存机件,洋七千七百四十六元七角。

一、存电灯机,洋三万四千元。

一、存生财,洋八千元。

一、存电力公司股本,洋一万五千元。

一、存创办费,洋四万元。

一、存周庄生财,洋八百六十七元八角。

一、存申庄生财,洋一千零八十元零一角。

一、存栈姚花百廿砠四千六百廿五包,三十一元五角算,洋十四万五千六百八十七元五角。

一、存栈本较花百廿砠二百八十包,三十二元算,洋八千九百六十元。

一、存栈籽花六千零八十八袋,十四元算,洋八万五千二百三十二元。

一、存栈十支纱二万零七百零四只,三元二角算,洋六万六千二百五十二元八角。

一、存栈十二支纱八千三百九十二只,三元三角算,洋二万七千六百九十三元六角。

一、存栈十四支纱五千六百九十二只,三元四角算,洋一万九千三百五十二元八角。

一、存栈麻袋一万一千八百八十九只,洋四千九百九十一元一角五分。

一、存栈物料,洋二万三千九百九十四元。

一、存栈煤一千三百四十吨,洋一万零六百八十七元五角。

一、存栈杂花四百廿九包,洋三千四百十元。

一、存栈花袋三万九千六百七十只,洋二千二百八十一元二角。

一、存车房花纱十一万八千零四十四磅半,洋二万五千五百二十六元。

一、存申栈十支大包纱一百件,元九千五百零四两。

一、存元益庄,洋二万零七百十四元零八分。

一、存泰源庄,洋一万元。

一、存震恒庄,洋一万元。

一、存生生庄,洋二万元。

一、存周庄往来,洋一千九百零六元四角四分四厘。

一、存申庄往来,元一千三百六十七两三钱四分一厘。

一、存戴德房,洋二千三百六十六元七角五分一厘。

一、存浙路借券,洋一千元。

一、存恒安会,洋五百四十八元。

一、存样纱,洋一百零六元七角七分四厘。

一、存银总,元二万二千一百九十两零八钱二分六厘。

一、存现存,洋四千九百六十六元五角一分。

共支出元三万三千零六十二两一钱六分七厘,共支出洋一百六十三万二千三百七十一元七角零九厘。

公司盈亏之数

收入:

一、售出十支纱六十五万五千九百十五只,洋二百十二万四千九百十元四角五分六厘。

一、售出十二支纱九万八千九百零四只,洋三十三万九千一百三十元五角七分六厘。

一、售出十四支纱四万六千八百八十四只,洋十六万三千五百七十二元四角二分八厘。

一、售出杂花回丝,洋四万二千八百八十四元五角六分八厘。

一、售出花袋，洋八千四百四十六元六角八分八厘。

一、存车房花纱十一万八千零四十四磅半，洋二万五千五百二十六元。

一、收轧花厂花衣六千四百零五包半，洋二十一万九千一百八十六元八角。

一、收又花核，洋二万零五百三十八元五角二分五厘。

一、收贴水，洋三百八十五元三角六分。

一、收房租、坑租，洋三千一百九十二元六角。

一、收栈力，洋四千七百五十二元八角零三厘。

一、收源来，洋二千四百一十六元九角。

共收入洋二百九十五万四千九百四十三元七角零四厘。

支出：

一、支原料姚花四万五千八百九十八包，洋一百五十五万七千六百十四元四分四厘。

一、支又IX花衣三百七十包零半，洋一万四千七百六十元零八角三分二厘。

一、支又本较衣七千七百七十五包半，洋二十四万四千九百七十一元八角。

一、支又青岛花一千六百零九包，洋四万四千五百四十元零三角二分七厘。

一、支又太仓花一百包，洋二千三百三十五元二角八分八厘。

一、支又通花二千一百六十六包，洋九万零七百二十五元四角一分七厘。

一、支又乱砠花一千七百八十四包，洋三万四千三百二十九元零二分八厘。

一、支旧过年花纱四万三千一百六十四磅半,洋九千一百六十三元五角八分六厘。

一、支轧花厂籽花一万五千六百九十四袋,洋二十二万一千五百二十三元二角。

一、支成包物料,洋二万五千三百二十元零三角一分五厘。

一、支各房物料,洋三万五千四百六十二元九角九分一厘。

一、支煤炭,洋四万一千三百四十七元。

一、支福食,洋八千七百九十九元一角九分。

一、支杂项,洋二千四百零四元五角七分四厘。

一、支提驳,洋七百五十五元七角。

一、支酬费、捐款、善举,洋一万一千零二十九元三角三分八厘。

一、支修理,洋一万一千六百十六元九角九分一厘。

一、支庄息,洋四万二千三百二十五元一角四分八厘。

一、支官利,洋四万八千元。

一、支出口纱水脚、税饷,洋四万六千八百四十元零一角四分。

一、支批发所缴用,洋三百十元。

一、支申庄缴用,洋二千四百九十四元四角八分。

一、支周庄缴用,洋一千五百九十三元七角二分七厘。

一、支保险,洋一万三千四百六十四元六角六分三厘。

一、支司事俸给,洋一万零八百九十四元三角六分八厘。

一、支各房男女匠工,洋十一万九千三百二十一元五角五分七厘。

共支出洋二百六十四万一千九百四十三元七角零四厘。

除支过,揭盈余洋三十一万三千元。

折成附录：

一、收本届盈余,洋三十一万三千元。

一、支销创办费,洋一万元。

一、支销产业,洋一万零七百九十三元零九分二厘。

一、支销机器,洋一万三千二百十九元五角六分三厘。

一、支销电灯机,洋二千七百七十一元四角零五厘。

一、支销生财,洋一千二百十五元九角四分。

一、支存提还二次添锭三个月,洋一万五千元。

一、支存本届盈余八成,洋十四万八千五百元,内应派给首次添锭红利洋二万四千七百五十元。

一、支存本届公积四成,洋七万四千三百元。

一、支销本届花红二成,洋三万七千二百元。

共支销洋三十一万三千元。

宁波和丰纺织股份有限公司第八届办理情形节略

敬启者：本公司自前清光绪三十二年开办，所有三十三年起、至民国三年一月二十五日即阴历癸丑十二月底止七届帐略情形均经报告周知。兹自民国三年一月二十六日即阴历甲寅正月起、至民国四年二月十三日即阴历甲寅十二月底止为第八届结帐，应将办理大略情形明晰宣布。查本届营业，春夏纱价逐渐低落，秋季遭旱而花价旋亦平和，幸纱早经预售，花乃随时核进，因此营业方面尚称顺利。迨至冬季，花纱两得其平，深赖上年添锭之得力。至年终汇结，共获盈余约毛丈洋三十五万二千余元，除照给官利洋四万八千元，提存二次添锭借款洋六万五千元，复将创办费并产业、新旧机器、生财等折成共需洋一万九千余元，除过净丈本届盈余洋二十二万元，照章提存公积洋六万二千余元，派给花红洋三万一千余元，计实收股东盈余洋十二万余元，连上年合计盈余三十三万余元，并壬子、癸丑、甲寅三届公积十八万八千五百元，总共洋五十一万八千五百余元。谨遵甲寅年三月股东会决议筹备加股本洋三十万元，又经乙卯年三月董会议决将壬子、癸丑、甲寅三届公积项下计洋十八万八千五百元提还二次添锭借款洋七万元，又折成产业洋二万一千五百、新旧机器洋八万三千元、电灯机洋一万四千元，以上将三届公积统行提折支销，以固厂基。惟盈余项下，除作加股本洋三十万元外，尚余结剩洋三万余元仍存本厂。钊经理本厂已阅四载，兢兢业业，惟恐溺职，幸营业尚称顺利，庶不负各股东委任之厚意。兹将历年盈余加入股本洋三十万元并历年公积提还借款、折成产业、机器等项，统于本届帐略内另刊附录,伏希公鉴。

总董戴勋、经理顾钊、协理魏振勋、坐办张同彝
中华民国四年四月　日宁波和丰纺织有限公司谨启

按：据宁波市档案馆编《宁波和丰纺织公司议事录》第34—35页记载,该公司于民国四年(1915年)六月六日(乙卯年四月二十四日)下午一时在宁波商务总会召开临时股东大会。会上,由查帐员张斐章报告甲寅年(民国三年)即第八届帐略并获通过。

公司出入总帐

收入：

一、该旧股本,洋六十万元。

一、该新股本官利由乙卯年起,洋三十万元。

一、该本单,洋十万零二千一百十六元。

计开：

成丰,洋五千二百十元。

元益,洋五千二百十元。

晋恒,洋五千二百十元。

泰源,洋五千二百十元。

震恒,洋五千二百十元。

生生,洋五千二百十元。

裕源,洋三千一百二十六元。

瑞馀,洋三千一百二十六元。

慎丰,洋三千一百二十六元。

恒升,洋三千一百二十六元。

慎馀,洋三千一百二十六元。

益康,洋二千零八十四元。

鼎恒,洋二千零八十四元。

春生,洋二千零八十四元。

宝慎,洋二千零八十四元。

慎康,洋二千零八十四元。

源康,洋二千零八十四元。

泰巽,洋二千零八十四元。

慎成,洋二千零八十四元。

泰涵,洋二千零八十四元。

泰裕,洋二千零八十四元。

通泰,洋二千零八十四元。

慎德,洋二千零八十四元。

大生,洋二千零八十四元。

元泰,洋二千零八十四元。

和记,洋一万零四百二十元。

宝记,洋一万零四百二十元。

裕记,洋五千二百十元。

一、该本单元昌,元二万一千零八十两。

一、该公债券,洋十万零八千九百元。

一、该二次添锭,洋十五万元。

一、该存款,洋八万三千九百六十八元三角九分二厘。

一、该又,元一千零九十两零六钱五分四厘。

一、该未支官利,洋二千三百零四元。

一、该褚炳记,洋十四元二角四分。

一、该王永记,洋一千元。

一、该同和泰,洋四万二千五百七十四元零八分六厘。

一、该探租,洋二百七十二元一角。

一、该提还二次添锭,洋十五万元。

一、该董事酬劳,洋四千八百元。

一、该官利,洋四万八千元。

一、该暂记,洋二万八千二百六十九元四角四分九厘。

一、该本届盈余结剩,洋三万零四百三十元零二角五分。

一该银总,元二千一百十七两八钱二分。

共收入洋一百六十五万二千六百四十八元五角一分七厘,共收入元二万四千二百八十八两四钱七分四厘。

支出:

一、存新旧产业,洋三十八万八千五百元。

一、存新旧机器,洋五十五万元。

一、存备存机件,洋七千五百二十八元八角。

一、存电灯机,洋二万元。

一、存生财,洋八千元。

一、存电力公司股本,洋一万五千元。

一、存创办费,洋三万元。

一、存周庄生财,洋七百元零零六角。

一、存申庄生财,洋一千一百五十六元八角二分。

一、存栈𡊨姚花三千三百九十二包,二十八元算,洋九万四千九百七十六元。

一、存栈申花一千四百六十四包,三十一元算,洋四万五千三百八十四元。

一、存栈印花九十二包,七十元算,洋六千四百四十元。

一、存栈二白花一包,洋十元。

一、存栈籽花一万零五百零二袋,十元零五角,洋十一万零二百七十一元。

一、存栈十支纱一万二千六百廿八只,二元五角算,洋三万一千五百七十元。

一、存栈十二支纱三千五百只,二元六角算,洋九千一百元。

一、存栈十四支纱二千七百三十二只,二元七角算,洋七千三百七十六元四角。

一、存栈麻袋一万一千八百八十九只,洋四千九百九十一元一角五分。

一、存栈物料,洋二万三千五百零五元九角九分五厘。

一、存栈煤炭一千五百十九吨,八七五扣,十元零三角算,洋一万五千六百五十五元四角六分。

一、存栈杂花五百三十五包,洋二千五百元。

一、存栈花袋一万五千九百五十六只半,洋一千六百元。

一、存车房花纱八万一千五百九十三磅半,洋一万七千二百四十七元九角八分一厘。

一、存申栈十支纱一百件,元七千五百两。

一、存生生,洋三万元。

一、存慎馀,洋三万元。

一、存元益,洋二万元。

一、存震恒,洋二万元。

一、存裕源,洋二万元。

一、存鼎恒,洋二万元。

一、存成丰,洋二万元。

一、存慎长,洋二万元。

一、存通泰,洋二万元。

一、存恒升,洋一万元。

一、存春源,洋一万元。

一、存泰源,洋二万六千七百七十三元五角二分五厘。

一、存浙路借券,洋八百元。

一、存内国公债,洋一千六百四十元。

一、存北庄生记往来,洋三百四十六元七角零五厘。

一、存申庄往来,元一万六千七百八十八两四钱七分四厘。

一、存恒安会,洋五百四十八元。

一、存样纱,洋三百九十六元六角三分。

一、存银总,洋三千零四十九元六角五分一厘。

一、存现存,洋七千五百七十九元八角。

共支出洋一百六十五万二千六百四十八元五角一分七厘,共支出元二万四千二百八十八两四钱七分四厘。

核对无讹。查帐人张斐章、范烈生　押

公司盈亏之数

收入:

一、售出十支纱八十三万八千三百九十四只,扯二元八角八分三厘半,洋二百四十一万七千四百八十三元八角一分一厘。

一、售出十二支纱十三万八千六百十二只,扯三元零二分二厘八,洋四十一万八千九百九十八元四角五分八厘。

一、售出十四支纱五万三千四百十八只,扯三元一角八分五厘半,洋十七万零一百六十五元零零一厘。

一、售出杂花回丝,洋五万二千七百七十六元八角六分二厘。

一、售出花袋,洋六千七百元零零零六分二厘。

一、售出二白花一百二十一包,扯廿五元零五分,洋三千零三十一元。

一、存车房花纱八万一千五百九十三磅半,洋一万七千二百四十七元九角八分一厘。

一、收轧花厂花衣一万五千四百十六包,扯三十一元四角四分,洋四十八万四千六百八十七元。

一、收又花核二百九十八万五千五百廿斤,扯一百六十七元三角三分半,洋四万九千九百五十八元七角。

一、收房租、坑租,洋四千二百六十元零五角零六厘。

一、收栈力,洋三千七百五十一元零一分九厘。

一、收源来,洋六千八百八十元零七角零六厘。

一、收提存二次添锭,洋六万五千元。

共收入洋三百七十万零零九百四十一元一角零六厘。

支出:

一、支原料姚花四万七千九百九十包零半,扯三十一元一角七分九,洋一百四十九万六千二百八十一元七角一分六厘。

一、支原料IX花衣廿一包,扯四十元零四角四分,洋八百四十九元二角四分。

一、支又本较衣一万五千六百九十六包半,一百八十八万三千五百八十斤,洋四十九万三千六百四十七元。

一、支又陕西花一百九十二包,六万二千一百廿磅,洋一万二千五百三十二元。

一、支又印度花一千二百零八包,四十七万八千五百七十磅,洋八万九千三百四十三元二角二分。

一、支又兴州花六百六十四包,五万二千九百六十六磅,洋一万二千二百三十六元。

一、支又美花四包,一千九百五十四磅,洋六百六十元。

一、支原料申花五千三百七十三包,九十四万六千八百廿六磅,洋十八万六千七百五十元零四角一分三厘。

一、支又乱䂮花九百六十六包,九万八千四百七十一磅,洋一万八千四百四十一元八角二分六厘。

一、支旧过年花纱十一万八千零四十四磅半,洋二万五千五百二十六元。

一、支轧花厂籽花三万八千六百八十七袋,十三元九角六分四,洋五十四万零二百二十七元。

一、支成包物料,洋三万三千一百八十七元九角六分七厘。

一、支各房物料,洋四万六千五百九十七元六角五分三厘。

一、支煤炭七千八百三十吨零一二五,八元算,洋六万二千六百四十一元。

一、支福食,洋一万零一百九十九元五角三分。

一、支杂项,洋四千四百零四元四角一分八厘。

一、支提驳,洋一千三百零四元六角一分二厘。

一、支修理,洋一万四千零三十三元八角六分二厘。

一、支庄息,洋三万八千五百五十四元九角九分五厘。

一、支官利,洋四万八千元。

一、支出口纱水脚、税饷一万三千七百七十一件,洋五万八千二百六十四元六角六分六厘。

一、支保险,洋一万五千九百二十元零九角。

一、支司事俸给,洋一万二千三百四十七元八角二分六厘。

一、支各房男女工匠,洋十五万六千七百三十三元八角六分七厘。

一、支贴水,洋三千零三十八元三角零一厘。

一、支批发所缴用,洋三百二十五元。

一、支申庄缴用,洋三千二百零二元二角三分。

一、支周庄缴用,洋二千零九十九元六角七分七厘。

一、支酬费,洋七千八百三十元。

一、支捐款,洋一千四百九十七元八角四分一厘。

一、支善举,洋二百二十三元三角九分九厘。

共支出洋三百三十九万六千九百零二元一角五分九厘。

除支过,结盈余洋三十万零四千零三十八元九角四分七厘。

折成附录:

一、收本届盈余,洋三十万零四千零三十八元九角四分七厘。

一、支存提还二次添锭,洋六万五千元。

一、支销创办费,洋一万元。

一、支销产业,洋三千零四十二元三角三分三厘。

一、支销机器,洋五千九百十九元六角五分六厘。

一、支销生财,洋五十元。

一、支销样纱,洋二十六元九角五分八厘。

一、支存本届盈余八成，洋十二万五千七百十四元二角八分，内应派给添锭红利洋四千八百三十五元一角六分四厘。
一、支存本届公积四成，洋六万二千八百五十七元一角四分。
一、支销本届花红二成，洋三万一千四百二十八元五角八分。
共支销洋三十万零四千零三十八元九角四分七厘。

折成加股细帐附录：
一、收壬子公积，洋五万一千四百二十八元。
一、收癸丑公积，洋七万四千三百元。
一、收甲寅公积，洋六万二千八百五十七元一角四分。
共计公积洋十八万八千五百八十五元一角四分。
一、支存提还二次添锭，洋七万元。
一、支销产业，洋二万一千五百元。
一、支销机器，洋八万三千元。
一、支销电灯机，洋一万四千元。
一、支存并入盈余，洋八十五元一角四分。
共支销洋十八万八千五百八十五元一角四分。
一、收壬子盈余，洋八万五千七百十六元。
一、收癸丑盈余，洋十二万三千七百五十元。
一、收甲寅盈余，洋十二万零九百六十四元二角五分六厘。
共计盈余洋三十三万零四百三十元零二角五分六厘。
一、支存加入股本，洋三十万元。
一、支存本届盈余结剩，洋三万零四百三十元零二角五分六厘。
共支存洋三十三万零四百三十元零二角五分六厘。

本公司股东姓名台衔附录

薇瑞堂	六百股	东记	十股	郡记	十股	趋记	十股
庭记	十股	日记	十股	南记	十股	楼记	十股
纵记	十股	目记	十股	初记	十股	季记	十股
云记	十股	运记	十股	海记	十股	岱记	十股
平记	十股	野记	十股	入记	十股	青记	十股
徐记	十股	许记	十股	嶂记	十股	秦记	十股
碑记	十股	在记	十股	周记	十股	城记	十股
鲁记	十股	殿记	十股	馀记	十股	从记	十股
来记	十股	多记	十股	古记	十股	意记	十股
临记	十股	眺记	十股	竟记	十股	踌记	十股
躇记	十股	水增记	十股	施才记	十股	吴吉庆祀	念股
李敬记	一百七十五股	宏法斋僧会	五十股	应宝记	十八股	运记	二股
留馀记	十股	困馀记	十股	顺馀记	十股	胡益馀	五股
均记	四十股	永记	五股	祥记	三股	嘉记	二股
仰记	五股	追远祀	十股	顾元祀	五十股	钱福记	五十股
谢衡腮	六十三股	芍记	五十股	韩山记	七十五股	黄振记	十股
沈蓉记	十股	徐琴记	五股	朱庆记	六十股	胡兰记	四十股
吴礼记	十股	陈岐记	五股	菱记	念股	宝记	十股
寿记	十股	魏炎记	五十三股	义记	十股	礼记	十股

续　表

明记	六股	德记	六股	李九梅	五股	月记	十股
邵荣记	十股	苏葆记	三十股	司徒鸿记	六十四股	慈义勇	五股
崇德堂	五股	徐崇记	十股	王烈记	五股	李森记	十五股
翠记	十股	长记	十股	瑞记	十股	何尊生	二股
王梅记	五股	金仁记	十股	钊记	念股	褆记	五股
美记	念股	仁记	十股	履记	五股	童绍记	五十股
树滋堂史馥记	六股	树滋堂史馥记	四股	郭绍仪堂	念股	谢仲记	念股
郑姻仲公祀	十股	樽节记	十股	樽记	五股	郁滋生	五股
阮廷安	十股	金长记	二股	金长记	一股	金长记	二股
刘福房	念股	林兰亭	十股	江安澜	五股	庄安之	五股
周仲记	十二股	周仲记	六股	周仲记	二股	张德记	念股
李哲记	十股	范济生	十股	吴宁记	三十股	范安生	十五股
周和记	四股	吴育房	六股	吴蓉卿	五股	董利房	一股
董贞房	一股	顾谷香	二股	胡文元	二股	沈廷灿	二股
沈泗卿	四股	范杏笙	五十二股	文日记	六十股	文日记	念股
项茂记	三十股	曹雨记	五股	胡宗记	五股	蔡雨记	五股
王荣记	五股	戴登记	十股	盈记	念股	培德祀	十股
李恭记	十股	昌祀	十股	庆馀会	十股	瞿富记	念股
张振照	一股	范久记	十股	馀记	念股	陈生裕乘记	十股
周森记	十五股	蔡鹤乔	念股	吴麟书翁	十股	涵养轩	五十股

续　表

金记	五股	宝记	一股	袁旭记	一股	恒记	三股
顺记挂失	十五股	澹静庐	二股	阎记	二股	闸记	二股
万顺丰	六股	阆记	二股	伯记	六股	谢永泰祀	五股
文记	十股	郑耕馀轩	二股	郑萃堂	二股	王仁腹	一股
严补拙居	十股	严佳斌	十股	恒记	五股	恒记	五股
槿记	五股	裕记	三股	俞贵元	二股	陈如记	五股
石仁孝	念股	陈馥记	三股	李福记	五股	寄春轩	五十六股
世德堂	十股	梅记	十股	杨定记	二股	林双记	六股
李志记	十五股	李吉记	五股	成赉记	十股	周酌雅轩	十股
徐顺林	十股	王顺记	五股	吴祥馀	三十股	林友记	五十二股
楼勤号	五股	庆记	二股	培德堂	五股	胡纯记	四股
珍记	十二股	发记	十股	式记	五股	叶三多堂	三股
张锦泰	三股	周茂兰	四股	进修堂袁	五股	虞震甫	念五股
戴杏记	五股	仲义祀	二股	邵循记	三股	寿星居	十股
顾荆记	四股	顾鼎记	四股	顾纫记	二股	戴顺记	五股
玉记	二股	汪炳记	三十股	周留记	六股	曾三堂	六十股
松记	二股	冯子记	三股	怀记	十股	和记	五股
裕记	五股	章记	十股	卢芝记	五股	益记	十股
景记	十股	生馀秉记	十股	魏廉记	十股	庆祀	十股
东莱堂顾	十股	苏璧廷	三股	宝和	二股	应善记	十五股
福记	十股	禄记	十股	寿记	十股	王道昌	三股

续表

梧厓	念股	罗祖庆	二股	纪晋记	念股	吴馀庆	十股
章安记	十二股	吉记	二股	卿记	三股	乐公祀宽记	十五股
孝友堂张	二股	益庆堂施	十股	德记	五股	惟善堂张	四股
馀庆堂安记	十股	增荣记	十股	铭李记	十股	酝荷记	十股
翼记	十股	锡祉堂	十股	陈祯记	五股	陈永记	五股
培德祀	十股	卿记	五股	延龄记	二股	柳敦睦	二股
子渭祀	念股	培德堂	念股	范后知	念股	袁生仁	十股
姜梅房	十股	范文质	念股	姚朝芳	十股	范星正记	念股
陈善记	念股	励诗房	五股	励礼房	五股	励乐房	五股
安裕	五股	潘松荫轩	五股	蒋公泰	五股	王守梅轩	二股
宝记	二股	张协记	念股	发记	十五股	庆记	十股
聚记	二股	邵紫记	二股	全记	五股	运记	五股
庄纪记	五股	邵卓记	二股	韩秀记	五股	王长记	十五股
敬记	念股	懋和记	五股	朱巽记	五股	爱莲居	五股
彩荷记	五股	梅放记	五股	龙程记	十股	盈记	五股
杨文记	念股	陈心记	五股	陈心记	五股	徐子记	十股
李文记	四股	李安记	一股	李定记	一股	守拙子	二股
双桂轩	二股	钧记	二股	朱莲记	十股	桂舫居	五股
豫贵记	五股	东篱居士	十股	益丰	念股	绪记	八十股
均记	十五股	许兆昌	十股	崇本堂虞	念五股	墀记	五股
商记	五股	王子记	一股	林友记	四股	邬月记	二股

续　表

尊记	十股	朱葆记	五十股	根记	十股	施在诰	念股
施东记	十股	黄振荣	十股	王一亭	五股	戴理记	七股
周馥记	三股	元琛学校	三十股	子记	念股	子记	十股
子记	念股	王绍记	五股	盛恭记	念股	盛宽记	念股
盛信记	念股	盛敏记	念股	先记	五股	葵记	五股
意记	三股	典留居	二股	钰记	五股	徐勤勉堂	三十股
邵凝德	五股	施益庆	十股	顾鸿记	十股	孙祖记	五股
屠汾记	念股	望记	念股	何丹书根记	五十股	陈咏记	十股
笙记	三股	雅记	三股	吉记	四股	倪倬记	十股
周聚星堂	念股	盛惠记	念股	丁诚记	二股	周聚星堂	一股
沈中和	念股	槐荫居周	四十股	秀记	四股	吴顺记	七股
严聚丰	十股	赵珊记	一股	屠瑞记	一股	屠德记	一股
烺记	二股	耕徐轩	五股	陈文记	十股	王馨记	十股
星记	二股	张积善堂	十股	彦记	二股	星记	三股
沈济美堂	十股	瑞庆	五股	陈海记	十股	李松记	六股
周立功	二股	姚纶记	十股	樊时记	十股	公记	十五股
何振记	念股	张集记	十股	阮伯记	十股	景记	六股
振记	四股	叶景记	五股	叶守记	五股	香雪居	二股
骏记	五股	骧记	五股	许生记	五股	李春记	十股
姜忠记	十股	郁藻记	念股	吴芝记	三股	郁季记	二股
徐招记	念股	槐荫居	一股	安乐居	二股	徐记	六股

续　表

赵芝记	十股	馥记	二股	李运记	十股	徐松房	五股
徐竹房	五股	徐梅房	五股	兆记	十股	兆记	十股
林记	五股	翔记	五股	庆记	五股	王寅记	五股
森记	五股	乾记	三股	隆记	三股	孙康记	五股
炳记	五股	茂记	五股	鑫记	十股	陈联记	三股
陈坤房	五股	朱荃记	五股	徐振记	二股	陈贵记	一股
陈发记	一股	朱冬馀	二股	杨垻房	二股	张宝记	二股
留馀轩冯	十股	濂记	五股	洽记	五股	馀庆堂吴	三十股
何炳扬	二股	晨记	十股	程良记	十股	王馀记	一股
和记	一股	张信记	三十股	张信记	五十五股	慕贞记	一股
成记	十股	裕福堂	十股	兴记	六股	荣记	四股
钱崑祀	念股	财记	四股	甫记	四股	林记	五股
成记	五股	赵醒记	十股	久记	一股	恒记	二股
周吉记	二股	昌记	三股	陈慎记	二股	毕渭富	一股
馀记	四十股	林记	六股	忠记	六股	福记	二股
慎记	二股	英记	三股	樽馀记	七十八股	永记	四股
新记	念股	春记	一股	增记	二股	湘记	二股
扑记	十股	锡馀祀	念四股	馨花室主	八十股	百忍堂张	念股
洪九记	五股						
共计六千股							

宁波和丰纺织股份有限公司第九届办理情形帐略

敬启者：本公司自前清光绪三十二年开办，所有三十三年起、至民国四年二月十三日即阴历甲寅十二月底止八届帐略情形均经报告周知。兹自旧历乙卯年正月起、至本年十二月底止为第九届结帐，应将办理大略情形明晰宣布。查本届营业，春夏纱销尚称畅达，有利可沾，讵意入秋新花歉收，价因陡涨，而纱市反形低落。迨至冬季，时局骤变，申市纱运顿生阻力，兼以欧战未平，染料腾贵，内地纱销更属钝滞，花俏纱呆，以致营业困难，不得已于旧历十一月底止停车待时。比年终汇结，幸获盈余约丈毛洋十九万八千余元，除照给官利洋七万二千元，提存折旧洋二万元，复将产业及新旧机器、生财等支销洋二千四百余元，除过净丈本届盈余洋十万零三千五百余元，照章提存公积一成半洋一万一千元零，派给董事、监察人暨创办人花红一成洋七千三百余元，办事人花红二成半洋一万八千四百余元，计实收股东盈余九成洋六万六千五百余元。查上届结存，本公司盈余洋三万余元，遵乙卯年股东会议决按老股一股给发红利八厘，计需洋四万八千元，定丙辰年换给新股单、发给官利时随同附给，所有不敷洋一万八千元应在本届盈余项下提拨。钊绠短汲深，历承股东付讬之重，朝乾夕惕，时以陨越为虞，惟望诸股东时锡南针，藉匡不逮，公司幸甚，钊亦幸甚。谨将本届办理情形并收支各款详列报告，伏希公鉴。

              经理顾钊
  丙辰年二月　日宁波和丰纺织股份有限公司谨启
 按：该公司于民国五年（1916年）四月二日（丙辰年二月三十

日)召开股东大会。会上,由监察人陈子埧逐项报告乙卯年(民国四年)即第九届帐略并获通过,其他议决内容详见宁波市档案馆编《宁波和丰纺织公司议事录》第45—47页。

公司收支总帐

收入:

一、该股本,洋九十万元。

一、该本单,洋二万八千一百五十八元。

  计开:

  丰源,洋二千一百零八元。

  裕记,洋五千二百十元。

  和记,洋一万零四百二十元。

  宝记,洋一万零四百二十元。

一、该本单元昌,元一万零四百八十两。

一、该公债券,洋九万零七百五十元。

一、该二次添锭,洋十五万元。

一、该存款,洋九万八千五百十五元四角九分三厘。

一、该存款,元一千两。

一、该未支官利上届,洋六百十六元。

一、该未支官利甲寅,洋一千三百六十八元。

一、该同和泰棉纱垫期,洋十万零七千七百零八元七角八分八厘。

一、该王永记油花定,洋五千元。

一、该通和,洋一百十九元。

一、该探租,洋二百四十九元六角。

一、该提还二次添锭盈余提存,洋十五万元。

一、该上届盈余结剩,洋三万零四百三十元零二角五分六厘。

一、该费善记,洋四十二元五角四分三厘。

一、该本届官利,洋七万二千元。

一、该本届提存折旧,洋二万元。

一、该本届盈余九成,洋六万六千五百六十五元八角五分四厘。

一、该本届公积一成半,洋一万一千零九十四元三角零九厘。

一、该创办人、董事花红一成,洋七千三百九十六元二角零六厘。

一、该办事人花红二成半,洋一万八千四百九十一元零五角一分七厘。

一、该银总,元一万九千八百三十九两八钱一分。

共收入元三万一千三百十九两八钱一分,共收入洋一百七十五万八千五百零四元五角六分六厘。

支出:

一、存产业,洋三十九万四千元。

一、存机器,洋五十五万二千元。

一、存备存机件,洋七千元。

一、存电灯机,洋二万元。

一、存生财,洋八千元。

一、存电力公司股本,洋一万五千元。

一、存创办费,洋三万元。

一、存周庄生财,洋七百元。

一、存申庄生财,洋一千元。

一、存栈䌷花衣一千七百八十九包,三十三元算,洋五万九千零三十七元。

一、存栈乱租花三十一包，洋四百九十五元零七分七厘。

一、存栈二白花廿四包，洋四百五十二元七角六分。

一、存栈籽花一千一百零八包，十四元算，洋一万五千五百十二元。

一、存栈十支纱三万四千一百九十七只，洋十万零八千三百三十六元零九分六厘。

一、存栈十支纱三万五千三百廿五只，二元八角五分算，洋十万零零六百七十六元二角五分。

一、存栈十二支纱六千三百廿七只，三元零五分算，洋一万九千二百九十七元三角五分。

一、存栈十四支纱四千七百六十八只，三元一角五分算，洋一万五千零十九元二角。

一、存栈麻袋一万一千八百八十九只，洋四千五百元。

一、存栈物料，洋二万七千三百三十三元四角三分五厘。

一、存煤九百四十二吨八七五，洋八千四百零四元七角五分。

一、存栈杂花，洋一百十元。

一、存栈花包，洋一千元。

一、存车房花纱六万零一百廿三磅，洋一万八千七百四十八元八角二分。

一、存申庄八支纱二十三件，元一千八百四十两。

一、存申庄十支纱一百三十七件，元一万零九百六十两。

一、存泰源，洋三万四千七百四十七元零七分一厘。

一、存源康，洋二万元。

一、存震恒，洋二万元。

一、存裕源，洋二万元。

一、存鼎恒，洋二万元。

一、存鼎丰,洋二万元。

一、存恒升,洋二万元。

一、存元益,洋二万元。

一、存生生,洋二万元。

一、存慎馀,洋二万元。

一、存元泰,洋一万元。

一、存慎长,洋一万元。

一、存丰源,洋一万元。

一、存通泰,洋一万元。

一、存资新,洋一万元。

一、存元新,洋五千元。

一、存大生,洋五千元。

一、存源昌,洋五千元。

一、存春源,洋五千元。

一、存成裕,洋五千元。

一、存资大,洋五千元。

一、存慎德,洋五千元。

一、存浙路借券,洋八百元。

一、存内国公债,洋一千九百三十五元。

一、存申庄往来,元一万八千五百十九两八钱一分。

一、存恒安会水龙,洋五百元。

一、存样纱,洋三百元。

一、存暂记,洋一千八百八十元零七角六分六厘。

一、存顾元记,洋四千五百二十四元八角六分五厘。

一、存银总,洋二万八千三百七十元零九角二分六厘。

一、存现存，洋一万三千八百二十三元二角。

共支出元三万一千三百十九两八钱一分，共支出洋一百七十五万八千五百零四元五角六分六厘。

监察人严康楸、陈俊伯　签字

公司盈余之数

收入：

一、售出八支纱五千四百八十只，洋一万五千三百六十三元六角。

一、售出十支纱七十二万零四百九十只，洋二百零三万六千一百八十二元二角一分六。

一、售出十二支纱八万零三百零六只，洋二十四万零六百二十三元八角五分七厘。

一、售出十四支纱三万三千八百六十只，洋十万零四千三百七十四元二角八分四厘。

一、售出杂花回丝，洋三万一千零四十五元一角九分四厘。

一、售出二白花七十七包半，洋一千四百十元零七角四分。

一、售出花包索子，洋六千零四十七元六角零九厘。

一、存车房花纱六万零一百廿三磅，洋一万八千七百四十八元八角二分。

一、收轧花厂本衣七千零十六包，洋二十一万五千三百三十元。

一、收轧花厂花籽，洋二万四千二百七十五元二角六分九厘。

一、收轧花厂二白七十六包半，洋一千四百二十四元四角。

一、收房、坑租、便田价，洋四千三百零二元一角零四厘。

一、收栈力，洋六百二十五元四角四分七厘。

一、收源来，洋三千三百八十元零四角。
一、收罚款，洋九百三十八元二角一分七厘。
一、收仗记，洋一万五千四百八十五元八角零一厘。
一、收花纱仗，洋一万五千零三十八元五角八分三厘。
一、收银总仗，洋一万二千三百七十二元一角零六厘。
共收入洋二百七十四万六千九百六十八元六角四分七厘。

支出：
一、支原料**ⵒ**花衣五万零六百三十二包半，洋一百六十二万六千三百十二元零三分六厘。
一、支原料**ⵒ**花衣十四包，洋三百九十二元四角八分。
一、支原料**ⵒ**花衣六千二百零八包，洋十八万七千零五十元。
一、支原料申衣一千七百六十四包，洋五万四千九百九十九元三角二分六厘。
一、支原料印度衣二百九十二包，洋二万一千零二十四元。
一、支原料乱砠衣二百三十七包，洋三千九百零二元三角九分九厘。
一、存车房旧存花纱八万一千五百九十三磅半，洋一万七千二百四十七元九角八分一厘。
一、支轧花厂籽花一万八千八百八十七包，洋二十三万零四百十三元。
一、支成包物料，洋二万九千四百零四元八角一分。
一、支各房物料，洋三万七千七百三十一元零四分九厘。
一、支煤炭，洋五万七千五百六十九元二角五分。
一、付福食，洋九千八百五十二元四角八分。
一、付杂项，洋三千九百三十七元五角二分。
一、付提驳，洋八百八十七元四角八分九厘。

一、付修理,洋四千七百十五元四角五分。

一、付庄息,洋二万六千零四十三元四角八分五厘。

一、付本届官利,洋七万二千元。

一、付纱出口税饷、水脚,洋五万二千八百九十四元六角四分九厘。

一、付保险,洋一万六千九百八十二元六角七分二厘。

一、付司事俸给,洋一万二千一百零七元四角七分二厘。

一、付各房男女工匠工,洋十三万二千四百二十六元二角零九厘。

一、付贴水,洋六千零九十八元九角八分九厘。

一、付批发所缴用,洋一百八十元。

一、付申庄缴用,洋四千七百零一元三角二分三厘。

一、付捐款,洋一千零零七元三角五分三厘。

一、付善举,洋九百六十三元五角二分四厘。

一、付董事酬劳,洋四千八百元。

一、付酬费,洋四千八百七十四元。

一、付赏给,洋四百二十元零六角一分五厘。

一、付本届提存折旧,洋二万元。

共支出洋二百六十四万零九百三十九元五角六分一厘。

除支过,揭丈盈余洋十万零六千零二十九元零八分六厘。

折成附录：

一、收本届盈余,洋十万零六千零二十九元八分六厘。

一、支销产业,洋六百五十五元八角七分。

一、支销机器,洋三百十六元八角三分二厘。

一、支销备件,洋五百二十八元八角。

一、支销生财,洋二百十六元九角。

一、支销恒安会水龙,洋四十八元。

一、支销周庄生财,洋六角。

一、支销申庄生财,洋一百五十六元八角二分。

一、支销麻袋,洋四百九十一元一角五分。

一、支销样纱,洋六十七元二角三分。

一、支销董事、创办人花红一成,洋七千三百九十六元二角零六厘。

一、支销办事人花红二成半,洋一万八千四百九十元零五角一分五厘。

一、支存本届公积一成半,洋一万一千零九十四元三角零九厘。

一、支存本届盈余九成,洋六万六千五百六十五元八角五分四厘。

共支销洋十万零六千零二十九元零八分六厘。

本公司股东姓名台衔附录

薇瑞堂	六百股	东记	十股	郡记	十股	趋记	十股
庭记	十股	日记	十股	南记	十股	楼记	十股
纵记	十股	目记	十股	初记	十股	季记	十股
云记	十股	连记	十股	海记	十股	岱记	十股
平记	十股	野记	十股	入记	十股	青记	十股
徐记	十股	许记	十股	嶂记	十股	秦记	十股
碑记	十股	在记	十股	周记	十股	城记	十股
鲁记	十股	殿记	十股	馀记	十股	从记	十股
来记	十股	多记	十股	古记	十股	意记	十股
临记	十股	眺记	十股	竟记	十股	蹄记	十股

续　表

躇记	十股	水增记	十股	施才记	十股	吴吉庆祀	念股
李敬记	一百七十五股	宏法斋僧会	五十股	应宝记	十八股	运记	二股
留馀记	十股	困馀记	十股	顺馀记	十股	胡益馀	五股
均记	四十股	永记	五股	祥记	三股	嘉记	二股
仰记	五股	追远祀	十股	顾元祀	五十股	钱福记	五十股
谢衡腮	六十三股	艻记	五十股	韩山记	七十五股	黄振记	十股
沈蓉记	十股	徐琴记	五股	朱庆记	六十股	胡兰记	四十股
吴礼记	十股	陈岐记	五股	菱记	念股	宝记	十股
寿记	十股	魏炎记	五十三股	义记	十股	礼记	十股
明记	六股	德记	六股	李九梅	五股	月记	十股
邵荣记	十股	苏葆记	三十股	司徒鸿记	六十四股	慈义勇	五股
崇德堂	五股	徐崇记	十股	王烈记	五股	李森记	十五股
翠记	十股	长记	十股	瑞记	十股	何尊生	二股
王梅记	五股	金仁记	十股	钊记	念股	禔记	五股
美记	念股	仁记	十股	履记	五股	童绍记	五十股
树滋堂史馥记	六股	树滋堂史馥记	四股	郭绍仪堂	念股	谢仲记	念股
郑姻仲公祀	十股	撙节记	十股	撙记	五股	郁滋生	五股
阮廷安	十股	金长记	二股	金长记	一股	金长记	二股
刘福房	念股	林兰亭	十股	江安澜	五股	庄安之	五股

续 表

周仲记	十二股	周仲记	六股	周仲记	二股	张德记	念股
李哲记	十股	范济生	十股	吴宁记	三十股	范安生	十五股
周和记	四股	吴育房	六股	吴蓉卿	五股	董利房	一股
董贞房	一股	顾谷香	二股	胡文元	二股	沈廷灿	二股
沈泗卿	四股	范杏笙	五十二股	文日记	六十股	文日记	念股
项茂记	三十股	曹雨记	五股	胡宗记	五股	蔡雨记	五股
王荣记	五股	戴登记	十股	盈记	念股	培德祀	十股
李恭记	十股	昌祀	十股	庆馀会	十股	瞿富记	念股
张振照	一股	范久记	十股	馀记	念股	陈生裕秉记	十股
周森记	十五股	蔡鹤乔	念股	吴麟书翁	十股	涵养轩	五十股
金记	五股	宝记	一股	袁旭记	一股	恒记	三股
顺记	十五股	澹静庐	二股	阍记	二股	闸记	二股
万顺丰	六股	闵记	二股	伯记	六股	谢永泰祀	五股
文记	十股	郑耕馀轩	二股	郑萃堂	二股	王仁腹	一股
严补拙居	十股	严佳斌	十股	恒记	五股	恒记	五股
槿记	五股	裕记	三股	俞贵元	二股	陈如记	五股
石仁孝	念股	陈馥记	三股	李福记	五股	寄春轩	五十六股
世德堂	十股	梅记	十股	杨定记	二股	林双记	六股
李志记	十五股	李吉记	五股	成赉记	十股	周酌雅轩	十股
徐顺林	十股	王顺记	五股	吴祥馀	三十股	林友记	五十二股

续　表

楼勤号	五股	庆记	二股	培德堂	五股	胡纯记	四股
珍记	十二股	发记	十股	式记	五股	叶三多堂	三股
张锦泰	三股	周茂兰	四股	进修堂袁	五股	虞震甫	念五股
戴杏记	五股	仲义祀	二股	邵循记	三股	寿星居	十股
顾荆记	四股	顾鼎记	四股	顾纫记	二股	戴顺记	五股
玉记	二股	汪炳记	三十股	周留记	六股	曾三堂	六十股
松记	二股	冯子记	三股	怀记	十股	和记	五股
裕记	五股	章记	十股	卢芝记	五股	益记	十股
景记	十股	生馀秉记	十股	魏廉记	十股	庆祀	十股
东莱堂顾	十股	苏璧廷	三股	宝和	二股	应善记	十五股
福记	十股	禄记	十股	寿记	十股	王道昌	三股
梧厘	念股	罗祖庆	二股	纪晋记	念股	吴馀庆	十股
章安记	十二股	吉记	二股	卿记	三股	乐公祀宽记	十五股
孝友堂张	二股	益庆堂施	十股	德记	五股	惟善堂张	四股
馀庆堂安记	十股	增荣记	十股	铭李记	十股	酝荷记	十股
翼记	十股	锡祉堂	十股	陈祯记	五股	陈永记	五股
培德祀	十股	卿记	五股	延龄记	二股	柳敦睦	二股
子渭祀	念股	培德堂	念股	范后知	念股	袁生仁	十股
姜梅房	十股	范文质	念股	姚朝芳	十股	范星正记	念股
陈善记	念股	励诗房	五股	励礼房	五股	励乐房	五股
安裕	五股	潘松荫轩	五股	蒋公泰	五股	王守梅轩	二股

续表

宝记	二股	张协记	念股	殶记	十五股	庆记	十股
聚记	二股	邵紫记	二股	全记	五股	运记	五股
庄纪记	五股	邵卓记	二股	韩秀记	五股	王长记	十五股
敬记	念股	懋和记	五股	朱巽记	五股	爱莲居	五股
彩荷记	五股	梅放记	五股	龙程记	十股	盈记	五股
杨文记	念股	陈心记	五股	陈心记	五股	徐子记	十股
李文记	四股	李安记	一股	李定记	一股	守拙子	二股
双桂轩	二股	钧记	二股	朱莲记	十股	桂舫居	五股
豫贵记	五股	东篱居士	十股	益丰	念股	绪记	八十股
均记	十五股	许兆昌	十股	崇本堂虞	念五股	墀记	五股
商记	五股	王子记	一股	林友记	四股	邬月记	二股
尊记	十股	朱葆记	五十股	根记	十股	施在浩	念股
施东记	十股	黄振荣	十股	王一亭	五股	戴理记	七股
周馥记	三股	元琛学校	三十股	子记	念股	子记	十股
子记	念股	王绍记	五股	盛恭记	念股	盛宽记	念股
盛信记	念股	盛敏记	念股	先记	五股	葵记	五股
意记	三股	典留居	二股	钰记	五股	徐勤勉堂	三十股
邵凝德	五股	施益庆	十股	顾鸿记	十股	孙祖记	五股
屠汾记	念股	望记	念股	何丹书根记	五十股	陈咏记	十股
笙记	三股	雅记	三股	吉记	四股	倪倩记	十股
周聚星堂	念股	盛惠记	念股	晋记	二股	周聚星堂	一股

续　表

沈中和	念股	槐荫居周	四十股	秀记	四股	吴顺记	七股
严聚丰	十股	赵珊记	一股	屠瑞记	一股	屠德记	一股
烺记	二股	耕馀轩	五股	陈文记	十股	王馨记	十股
星记	二股	张积善堂	十股	彦记	二股	星记	三股
沈济美堂	十股	瑞庆	五股	陈海记	十股	李松记	六股
周立功	二股	姚纶记	十股	樊时记	十股	公记	十五股
何振记	念股	张集记	十股	阮伯记	十股	景记	六股
振记	四股	叶景记	五股	叶守记	五股	香雪居	二股
骏记	五股	骧记	五股	许生记	五股	李春记	十股
姜忠记	十股	郁藻记	念股	吴芝记	三股	郁季记	二股
徐招记	念股	槐荫居	一股	安乐居	二股	馀记	六股
赵芝记	十股	馥记	二股	李运记	十股	徐松房	五股
徐竹房	五股	徐梅房	五股	兆记	十股	兆记	十股
林记	五股	翔记	五股	庆记	五股	王寅记	五股
森记	五股	乾记	三股	隆记	三股	孙康记	五股
炳记	五股	茂记	五股	鑫记	十股	陈联记	三股
陈坤房	五股	朱荃记	五股	徐振记	二股	陈贵记	一股
陈发记	一股	朱冬馀	二股	杨埙房	二股	张宝记	二股
留馀轩冯	十股	濂记	五股	洽记	五股	馀庆堂吴	三十股
何炳扬	二股	晨记	十股	程良记	十股	王馀记	一股
和记	一股	张信记	三十股	张信记	五十五股	慕贞记	一股

续 表

成记	十股	裕福堂	十股	兴记	六股	荣记	四股
钱崑祀	念股	财记	四股	甫记	四股	林记	五股
成记	五股	赵醒记	十股	久记	一股	恒记	二股
周吉记	二股	昌记	三股	陈慎记	二股	毕渭富	一股
馀记	四十股	林记	六股	忠记	六股	福记	二股
慎记	二股	英记	三股	撙馀记	七十八股	永记	四股
新记	念股	春记	一股	增记	二股	湘记	二股
扑记	十股	锡馀祀	念四股	馨花室主	八十股	百忍堂张	念股
洪九记	五股						
共计六千股							

宁波和丰纺织股份有限公司第十届办理情形帐略

敬启者：本公司自前清光绪三十二年开办，所有三十三年起、至民国五年二月二日即旧历乙卯年十二月底止九届帐略情形均经报告周知。兹自旧历丙辰年正月起、十二月底止为第十届结帐，应将办理大略情形分晰宣布。查本届营业，自旧历乙卯年十二月初一日停车后、至本年春夏两季受帝制影响，各处交通阻梗，纱销更形滞钝，兼之花价频涨，纱市反疲，花纱倒置，营业维艰，不得已继续停车守候时机。迨至秋初，新花将见，年成可卜丰收，时局亦渐平和，虽市上金融紧急，本厂尚可勉力经营，是以定期于七月十三日先行开车。直至重阳以后，各处销路发动，本公司得以应时制宜，纱可见机预售，花乃随时逐进，因得稍沾利益。冬季虽受洋拆现申之累，幸而规银频涨，申银汇甬转得善价，于业务尚称顺遂，年终汇结约盈余毛洋二十万元。维本届揭帐，应将全年开支分为两时期，开车以前为清缴时期，开车以后为营业时期，藉清眉目。自正月至六月底止停车之时，应支半年官利洋三万六千元，提存半年折旧洋一万元，并炉煤、存款庄息以及司员、工匠俸给等项清缴洋七万五千六百元有奇。自七月至十二月底止开车之时，计支半年官利洋三万六千元，提存半年折旧洋一万元，并送董事舆金洋五千六百元。除上列各项开支外，净盈余洋三万二千六百余元。钊以庸材肩此艰钜，临深履薄，陨越堪虞，维希诸股东时锡箴言，匡我不逮，是所深幸。谨将本届办理情形并上下两半年厂缴以及收支各款分别详列报告，伏乞公鉴。

经理顾钊

中华民国六年三月　日宁波和丰纺织有限公司谨启

按：据宁波市档案馆编《宁波和丰纺织公司议事录》第50页记载，丙辰年（民国五年[1916年]）即第十届帐略经监察人审查，于民国六年四月一日（丁巳年闰二月初十日）在临时董事常会上核正、照准付刊。同年五月六日（丁巳年三月十六日）下午二时，该公司在宁波总商会召开股东大会。会上，由监察人陈子埙逐项报告丙辰年帐略并获通过，其他议决内容详见《宁波和丰纺织公司议事录》第50—52页。

公 司 总 帐

收入：

一、收股本，洋九十万元。

一、收公债券，洋七万二千六百元。

一、收存款，洋二十七万四千七百七十元零二角零八厘。

一、收又，元三万二千九百零一两一钱六分六厘。

一、收上年盈余提存，洋十五万元。

一、收上届盈余结剩，洋四万八千九百九十六元一角一分。

一、收上届公积，洋一万一千零九十四元三角零九厘。

一、收上届折旧，洋二万元。

一、收未支官利，洋一千八百六十元。

一、收未支红利甲寅，洋一千二百四十元。

一、收同和泰棉纱垫期，洋四万三千三百零五元六角零八厘。

一、收豫通油花定洋，洋八千元。

一、收通利源花核定洋，洋二千元。

一、收探租，洋三百六十二元四角。

一、收费善记,洋四十四元一角四分九厘。

一、收暂记,洋一千八百八十九元七角五分八厘。

一、收本届官利,洋七万二千元。

一、收本届折旧,洋二万元。

一、收本届盈余九成,洋二万零九百七十四元三角九分二厘。

一、收本届公积一成半,洋三千四百九十五元七角三分二厘。

一、收本届董事、创办人花红一成,洋二千三百三十元零四角八分三厘。

一、收本届办事人花红二成半,洋五千八百二十六元二角二分四厘。

一、收银总,元八千一百五十一两四钱一分三厘。

共收元四万一千零五十二两五钱七分九厘,共收洋一百六十六万零七百八十九元三角七分三厘。

支出:

一、付产业,洋四十万零三千七百十四元三角五分四厘。

一、付机器,洋五十五万二千元。

一、付备存机件,洋一万二千零十五元七角七分五厘。

一、付电灯机,洋二万元。

一、付电力公司股本,洋一万五千元。

一、付生财,洋八千九百七十元零六角五分。

一、付周庄生财,洋七百元。

一、付申庄生财,洋一千元。

一、付浙路借券,洋八百元。

一、付内国公债,洋二千零四十二元五角。

一、付恒安会水龙，洋五百元。

一、付存栈㠯姚庄衣一千零四十一包，三十七元，洋三万八千五百十七元。

一、付存栈㠯梅山衣五百包，三十八元，洋一万九千元。

一、付存栈㠯姚对衣五千八百七十五对，三十六元六，洋二十一万五千零二十五元。

一、付存栈㠯安衣二百廿五包，三十七元，洋八千三百二十五元。

一、付存栈㠯本较衣一千零七十一包，三十六元五角，洋三万九千零九十一元五角。

一、付存栈散衣三百廿三袋，廿三元六角八分五厘，洋七千六百五十元零二角五分七厘。

一、付存栈䌷砸二白三十二对，十六元五角五分五厘，洋五百二十九元七角六分。

一、付存栈籽花六千五百十九袋，十五元五角，洋十万零一千零四十四元五角。

一、付存栈十支纱八千六百十二只，三元四角五分，洋二万九千七百十一元四角。

一、付存栈十二支纱五百四十八只，三元五角五分，洋一千九百四十五元四角。

一、付存栈十四支纱八百廿八只，三元六角五分，洋三千零二十二元二角。

一、付存栈麻袋一万五千九百八十九只，洋七千六百五十七元。

一、付存栈花包六千六百八十一只，洋七百元。

一、付存栈煤一千五百七十吨，十元，洋一万五千七百元。

一、付存物料栈物料，洋四万六千八百九十四元三角九分二厘。

一、付存车房花纱六万三千零九十八磅半,洋一万四千一百六十八元一角七分八厘。

一、付申庄栈十支纱四十只,八十二件,九十二两,元七千五百四十四两。

一、付样纱,洋二百七十一元八角二分。

一、付申庄往来,元三万三千五百零八两五钱七分九厘。

一、付顾元记,洋二千零零七元三角二分六厘。

一、付创办费,洋三万元。

一、付泰源,洋五千元。

一、付震恒,洋五千元。

一、付源康,洋五千元。

一、付泰来,洋五千元。

一、付元益,洋二千一百七十一元七角八分一厘。

一、付鼎丰,洋二千三百九十七元八角三分一厘。

一、付生生,洋三千元。

一、付慎馀,洋三千元。

一、付慎长,洋三千元。

一、付元泰,洋三千元。

一、付通泰,洋三千元。

一、付银总,洋一万二千二百九十六元六角四分九厘。

一、付现存,洋一万零九百十九元一角。

共付元四万一千零五十二两五钱七分九厘,共付洋一百六十六万零七百八十九元三角七分三厘。

支出正月至六月底止清缴:
一、付炉子煤炭,洋五千四百七十五元。

一、付各房物料，洋二百十元零五角八分五厘。

一、付成包物料旧纱改打装申，洋五百十二元三角六分。

一、付司事俸给，洋三千二百七十一元九角五分三厘。

一、付各房工匠工，洋五千七百七十三元八角五分四厘。

一、付福食，洋二千四百九十二元二角八分。

一、付杂项，洋一千八百九十五元九角五分二厘。

一、付提驳，洋一百四十九元零七分二厘。

一、付酬费，洋九百六十元。

一、付善举，洋三十四元七角三分。

一、付修理，洋八十二元一角七分二厘。

一、付庄息公债，洋九千零七十五元。

一、付庄息二次添锭，洋九千元。

一、付庄息，洋一千三百七十九元七角一分七厘。

一、付纱费税饷、工程捐、水脚，洋四千三百九十六元九角零四厘。

一、付保险禅臣全年，洋一万零九百八十三元。

一、付保险禅臣全年及运纱水火险，洋五千五百六十三元二角三分。

一、付捐款，洋四百元。

一、付批发所缴用，洋九十元。

一、付申庄缴用，洋二千五百八十八元七角八分八厘。

一、付贴水，洋一千三百十一元二角八分九厘。

一、付本届官利半年，洋三万六千元。

一、付存款约略息，洋一万元。

一、付本届折旧半年，洋一万元。

共付洋十二万一千六百四十五元八角八分六厘。

公司盈亏之数 七月至十二月底止堆金

收入：

一、售出十支纱四十二万零一百零四只，洋一百三十九万四千二百四十五元零三分八厘。

一、售出十二支纱四万零一百五十九只，洋十三万八千六百四十八元八角九分七厘。

一、售出十四支纱一万四千九百四十一只，洋五万四千零二十六元五角九分四厘。

一、售出花核九十二万三千零四十斤，洋一万七千一百五十元零零零四厘。

一、售出二白衣六十四包半，洋一千五百二十九元。

一、售出油花回丝，洋二万零八百十六元八角六分六厘。

一、售出花包索子，洋三千五百六十三元零五分八厘。

一、收车房花纱六万三千零九十八磅半，洋一万四千一百六十八元一角七分八厘。

一、收轧花房凵本衣四千六百零四包半，洋十七万一千六百二十八元五角。

一、收轧花房IX本衣三百三十七包，洋一万一千二百零四元五角。

一、收轧花房二白花衣七十四包半，洋一千六百四十元。

一、收房、坑租、便田价，洋二千六百三十六元六角二分七厘。

一、收栈力，洋四百七十一元七角六分五厘。

一、收源来，洋二千二百四十七元。

一、收罚款，洋二百八十八元三角六分八厘。

一、收仗记银总、煤栈、物料，洋四万七千七百十元零八角零七厘。

一、收仗记花纱堆金仗，洋五万零二百二十七元二角四分七厘。

共收洋一百九十三万二千二百零二元四角四分九厘。

支出：

一、付原料匸花衣二万九千七百二十六包，洋一百零八万八千二百十五元五角七分六厘。

一、付原料凵本衣三千七百二十包零半，洋十三万九千三百六十二元五角。

一、付原料Ⅸ本衣一百五十包，洋四千三百七十九元。

一、付原料散衣四百八十三包，洋一万三千二百三十一元零二分五厘。

一、付原料安衣二百三十包，洋八千八百八十元。

一、付原料津衣一百包，洋一万二千二百元。

一、付原料青衣五百零四包，洋一万六千一百二十八元。

一、付轧花房籽花一万三千一百四十六包，洋十九万零四百七十四元二角二分四厘。

一、付车房旧存花纱六万零一百二十三磅，洋一万八千七百四十八元八角二分。

一、付福食，洋五千七百二十四元二角六分。

一、付各房物料，洋二万五千六百三十七元三角三分二厘。

一、付成包物料，洋一万九千八百七十八元七角九分六厘。

一、付炉子煤炭，洋三万五千二百八十元。

一、付司事俸给，洋六千六百六十一元七角二分四厘。

一、付各房男女工匠，洋七万零零十一元五角二分七厘。

一、付杂项,洋一千五百十元零二角五分四厘。

一、付提驳,洋五百三十八元八角七分七厘。

一、付酬费,洋一千九百九十二元。

一、付董事舆金,洋五千六百元。

一、付善举,洋三百三十八元零七分三厘。

一、付修理,洋三千三百七十三元八角六分八厘。

一、付庄息,洋一万五千二百七十六元二角九分七厘。

一、付纱费税饷、水脚、工程捐,洋三万零八百七十九元七角九分。

一、付捐款,洋四百四十元。

一、付保险运纱装申水火险,洋六百零八元八角二分五厘。

一、付批发所缴用,洋九十元。

一、付申庄缴用,洋二千七百十七元四角。

一、付贴水,洋一万三千四百十八元五角一分七厘。

一、付赏给,洋三百三十三元零四分二厘。

一、付本届官利半年,洋三万六千元。

一、付本届折旧半年,洋一万元。

共付洋一百七十七万七千九百二十九元七角二分七厘,两共支出洋一百八十九万九千五百七十五元六角一分三厘。

除收支过,结丈洋三万二千六百二十六元八角三分六厘。

支销附录:

一、支存本届盈余九成,洋二万零九百七十四元三角九分二厘。

一、支存本届公积一成半,洋三千四百九十五元七角三分二厘。

一、支销董事、发起人、监察花红一成,洋二千三百三十元零四角八分八厘。

一、支销办事人花红二成半,洋五千八百二十六元二角二分四厘。

共支销洋三万二千六百二十六元八角三分六厘。

监察人严康楙、陈俊伯　签字

本公司股东姓名台衔附录

薇瑞堂	念股	戴理卿	念股	戴瑞卿	念股	戴文耀	念股
戴荫棠	念股	戴子华	念股	戴鹤年	念股	戴子范	念股
戴伍年	念股	戴伍午	念股	戴伯璇	念股	戴显庸	念股
戴显模	念股	戴古泉	念股	守记	五股	业记	五股
崇记	五股	门记	五股	第记	五股	承记	五股
家记	五股	肯记	五股	构记	五股	堂记	五股
诗记	五股	徵记	五股	红记	五股	杏记	五股
贵记	五股	瑞记	五股	启记	五股	紫记	五股
薇记	五股	郎记	五股	世记	五股	德记	五股
清记	五股	芬记	五股	旧记	五股	贤记	五股
声记	五股	远记	五股	近记	五股	扬记	五股
田记	五股	荆记	五股	应记	五股	并记	五股
茂记	五股	谢记	五股	树记	五股	自记	五股
联记	五股	芳记	五股	雅记	五股	合记	五股
花记	五股	如记	五股	锦记	五股	名记	五股
同记	五股	草记	五股	吉记	五股	祥记	五股
史记	五股	经记	五股	传记	五股	汉记	五股
代记	五股	华记	五股	阀记	五股	重记	五股

续　表

吾记	五股	乡记	五股	东记	五股	郡记	五股
趋记	五股	庭记	五股	日记	五股	南记	五股
楼记	五股	纵记	五股	目记	五股	初记	五股
遥记	五股	峰记	五股	连记	五股	海记	五股
岱记	五股	平记	五股	野记	五股	入记	五股
青记	五股	徐记	五股	许记	五股	嶂记	五股
秦记	五股	碑记	五股	在记	五股	周记	五股
城记	五股	鲁记	五股	殿记	五股	馀记	五股
从记	五股	来记	五股	多记	五股	古记	五股
意记	五股	临记	五股	眺记	五股	竟记	五股
蹄记	五股	躇记	五股	创记	五股	造记	五股
本记	五股	前记	五股	人记	五股	勋记	五股
垂记	五股	万记	五股	象记	五股	新记	五股
繁记	五股	生记	五股	松记	五股	柏记	五股
盛记	五股	灿记	五股	若记	五股	宿记	五股
星记	五股	陈记	五股	有记	五股	谷记	五股
贻记	五股	孙记	五股	子记	五股	源记	五股
流记	五股	等记	五股	宝记	五股	珍记	五股
鹏记	五股	飞记	五股	高记	五股	振记	五股
翩记	五股	骏记	五股	发记	五股	类记	五股
长记	五股	春记	五股	珠记	五股	玉记	五股
森记	五股	罗记	五股	列记	十股	云记	十股

续 表

礽记	四股	笑记	二股	语记	十股	频记	十股
功记	十股	怀记	十股	千记	十股	载记	三股
懋记	十股	泽记	五股	及记	五股	四记	五股
方记	二股	民记	二股	实记	二股	学记	五股
农记	五股	桑记	五股	起记	五股	灵记	五股
机记	六股	纺记	五股	绩记	五股	申记	四股
山记	五股	河记	五股	歌记	一股	共记	三股
寿记	五股	秉记	五股	国记	五股	荷记	五股
陶记	五股	钧记	五股	礼记	五股	乐记	五股
射记	五股	御记	五股	书记	五股	数记	五股
锦春	六股	全记	三股	李敬记	二百股	孝记	五股
悌记	五股	忠记	五股	信记	五股	英记	十股
祥记	十股	邵云记	一股	曾三堂	六十股	盛恭记	念股
盛宽记	念股	盛信记	念股	盛敏记	念股	盛惠记	念股
彦记	二股	秀记	四股	锺数房	十股	郑姻仲公祀	十股
孟记	六十股	康记	十股	仁记	十股	钱福记	三十股
林记	五股	甫记	四股	德记	六股	乾记	三股
隆记	三股	骏记	四股	骧记	四股	骢记	四股
司徒鸿记	六十二股	翠记	十股	长记	十股	朱庆记	四十股
钱崑祀	念股	施安记	十股	施益庆	十股	邵凝德	五股
李志记	十五股	王一亭	五股	杨定记	二股	财记	四股

续　表

明记	六股	王馨记	十股	徐顺林	十股	戴理记	七股
新顺绪号	八十股	盈记	十股	暹记	念股	富记	十五股
叙记	十股	弢记	三十股	周立功	二股	留馀轩冯	十股
谢仲记	念七股	慎馀	五股	均记	念八股	醒记	念股
弢记	念股	尔记	念股	省记	念股	铭记	二股
震记	一股	梧厓	念股	若愚	念股	严聚丰	十股
吴宁记	四十股	吴祥馀	念股	吴蓉卿	五股	胡文元	二股
陈伟公祀	六股	陈复记	四股	陈益林	六股	陈云记	四股
戴德静	一股	杨埧房	二股	安裕	五股	潘松荫轩	五股
柳敦睦	一股	柳敦睦	一股	王守梅轩	二股	蒋公泰	五股
虞善德	八股	沈位房	五股	沈育房	五股	宝记	二股
梅放记	五股	运记	二股	徐德刚	五股	姜梅房	十股
莲记	十股	周璇房	二股	周聚星堂	念股	周聚星堂	一股
葵记	一股	李酉峰	六股	盈记	十股	馀记	念股
何振记	念股	吴吉庆祀	念股	纪晋记	念股	徐成祀	二股
范安生	十五股	范济生	十股	范星正记	念股	成赍记	十股
沈济美堂	十股	严补拙居	十股	周酌雅轩	十股	郑萃堂	二股
郑耕馀轩	二股	王仁腹	一股	姚朝芳	十股	范后知	三十股
范景记	六股	范瑞香	五股	范芸香	五股	范文质	念股
袁生仁	十股	范振记	四股	范振尧	五股	范振荣	五股
范振源	五股	范振武	五股	裕记	五股	怀记	十股
和记	五股	楼勤	四十五股	陈善记	念股	励礼房	五股

续 表

励乐房	五股	盛祀	八股	庆祀	十股	谢蓟牕	十八股
谢永泰祀	五股	顺记	五股	恒记	三股	永记	五股
仰记	五股	伦记	五股	赵芝室	念一股	赵林士	念股
荣记	四股	寿记	十股	宝记	十股	晨记	十股
菱记	念股	邬衡记	二股	俞怡记	二股	礼记	二股
周和记	四股	周森记	十五股	澹静庐	二股	闿记	二股
闸记	二股	励诗房	五股	庆记	二股	许兆昌	十股
李定记	一股	李安记	一股	公记	十股	徐勤勉堂	三十股
商记	五股	应宝记	十股	应善记	十五股	张协记	念股
运记	六股	双桂轩	二股	延龄记	二股	恭盛记	二股
梅记	十股	庆记	十股	张云记	念二股	宏记	念股
王蓉记	十股	张子记	十股	慕贞记	一股	久记	一股
胡诚甫	十股	沈泗卿	四股	沈廷灿	二股	朱冬馀	二股
瑞记	十股	月记	十股	炳记	五股	义记	十股
屠汾记	念股	礼记	十股	虞震甫	念五股	崇本堂虞	念五股
益丰	念股	庆记	五股	徐健记	念股	徐竹房	五股
徐梅房	五股	馥记	二股	李霞记	十股	何荇生	二股
位记	五股	位记	五股	倪倬记	十股	酏荷记	十股
铭李记	十股	子记	十股	伊潮源	一股	汪炳记	三十股
乐福记	五股	乐甬记	五股	乐惠记	五股	江安澜	五股
林兰亭	十股	钧记	二股	培德堂	五股	寄春轩	五十六股
朱巽记	五股	朱莲记	十股	姜汾记	十股	邹惠记	十股

续　表

林晋记	三股	林阳记	一股	仁记	二股	槐荫居	一股
香雪居	二股	刘恒丰	六股	林友记	念九股	樊和记	五股
邵紫记	二股	邵卓记	二股	庄纪记	五股	涵养轩	念股
炳记	一股	和记	一股	益馀	三股	陈馥记	三股
陈文记	十股	魏汉记	五股	魏鑫记	五股	裕福堂	十股
星记	二股	兴记	六股	恒记	二股	震记	五股
康记	三股	水增荣	念股	徐琴记	五股	芎记	五十股
李商山	念股	郁季记	二股	吴芝轩	念股	郁藻记	念股
吴礼记	十股	施才记	十三股	施东记	十股	黄振荣	念股
邵荣记	十股	吴麟书	十股	吴亨记	十股	东来记	十股
吴元记	十股	吴利记	十股	朱葆记	五十股	吴贞记	十股
馀庆堂吴	十股	陈岐记	五股	柳钰记	五股	和记	一股
何恭联记	五十股	陈詠记	十股	陈康记	三股	陈鸿斌	五股
陈鸿斋	五股	森记	五股	许生记	五股	孙康记	五股
陈贵记	一股	陈发记	一股	公记	十五股	陈慎记	一股
陈联记	四股	郑庭树	七股	徐振记	二股	朱荃记	五股
陈坤房	五股	彩荷记	五股	胡兰记	四十股	困振记	十股
困馀记	十股	范杏记	念二股	困兴记	十股	杨文记	念股
祥记	六股	孙鸿记	二股	林记	六股	培德祀	念股
项茂记	三十股	孝友堂张	二股	惟善堂张	四股	叶景记	五股
叶守记	五股	敦号	念五股	李松记	六股	李文记	四股
源记	念二股	叶三多堂	三股	埠记	五股	严宽房	二股

续　表

守拙子	二股	瞿富记	十股	崇德堂	五股	史仍孙	念股
徐显华	十股	烺记	二股	刘福房	念股	林双记	六股
戴博兴祀	十股	宝和	二股	嘉记	二股	陈如记	五股
吴冠善	六股	张德记	念股	徐子记	十股	陈永记	五股
顾鼎记	八股	顾纫记	二股	石寄富	念股	傅义记	十股
吴明德	十股	耕馀轩	五股	李铭记	四股	李喧馀	六股
茂记	五股	洪九记	五股	景德长生会	念五股	景德斋僧会	念五股
吴顺记	七股	周莲记	五股	蕃记	二股	水寿记	五股
毕渭富	一股	苏璧廷	三股	李运记	十股	李春记	十股
胡合记	四股	陈宝记	五股	卢志记	五股	樊时记	十股
曹昭记	五股	柳振记	五股	进修堂袁	五股	张宝记	二股
张九发	三股	郑馥记	五股	馨花室新记	念股	馨花室鄞记	念股
馨花室定记	念股	馨花室子记	十股	馨花室勋记	十股	馨花室庄记	十股
馨花室凯记	十股	松记	二股	徐崇记	十股	王寅记	五股
王烈记	五股	屠德记	一股	屠瑞记	一股	董利房	一股
董贞房	一股	裕记	五股	昌祀	十股	庆馀会	十股
玉记	二股	同记	三股	姚纶记	十股	根记	十股
慈义勇	五股	俞贵元	二股	周茂兰	四股	安乐居	二股
玉记	二股	陈光记	五股	陈祯记	五股	锡祉堂	十股
林希桓	十股	林雅房	五股	金长记	一股	长记	三股

续　表

陆圣汭	五股	寿星居	十股	追远祀	十股	顾元祀	五十股
金仁记	十股	顾鸿记	十四股	元琛学校	三十股	寿春轩	五十股
孙祖记	五股	赵云记	六股	诒谋堂	念股	存春庐	念股
卧云居	十股	养性居	十五股	爱莲居	五股	福记	五股
李森记	十五股	何炳扬	二股	韩芸记	七十五股	周吉记	二股
泾记	二股	达记	二股	琛记	二股	子记	二股
福记	四股	周仲记	十二股	苏耕仁	九股	苏耕义	十二股
苏耕信	六股	苏成记	三股	撙节记	十股	周仲记	一股
谢蔺牕	念五股	同源生	二股	李馀记	五股	赵珊记	一股
裕记	三股	王长记	十五股	韩秀记	五股	张积善堂益记	十股
王道昌	三股	周留记	六股	金记	五股	翔记	五股
严康棣	念股	寄春轩	三十五股	沈中房	十股	福记	十股
禄记	十股	寿记	十股	严佳斌	十股	义记	四股
吴馀庆	十股	张毛记	二股	周毛记	二股	珍记	念七股
共计五千八百八十七股							
未掉旧股单							
童绍记	四十三股	树滋堂史馥记	六股	周仲记	一股	顺记	十五股
式记	五股	瞿富记	十股	王子记	一股	晋记	二股
陈海记	十股	谢蔺牕	念股				
共计一百十三股　　两共合计六千股							

按："楼勤"应为"楼勤号"。

二

宁波和丰纺织股份有限公司第十七届帐略癸亥

寧波和豐紡織股份有限公司第十七屆帳略 癸亥

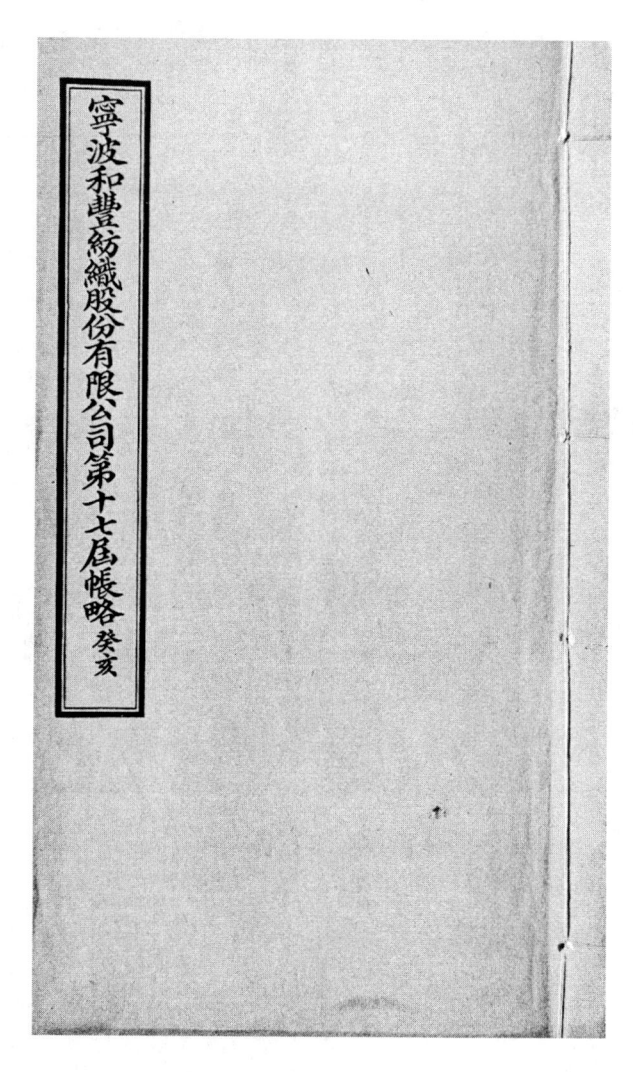

按：该帐略纵25.7厘米，横15.2厘米，不分卷，线装，版心上题"和丰纺织有限公司帐略"，民国十三年（1924年）铅印本，由上海中华书局代印。

宁波和丰纺织股份有限公司
第十七届办理情形帐略

敬启者：本公司自前清光绪三十二年开办，所有三十三年起、至民国十二年二月十五日即旧历壬戌年十二月底止，十六届帐略情形均经绘图报告周知。兹自旧历癸亥年正月起、至十二月底止为第十七届结帐，应将办理大略情形详晰宣布。查本届营业，被去年姚花歉收本厂存花不厚，而外埠棉花又因价格不合，不能添购，兼之时局不靖，纱销呆滞，不得已于四月望日暂行停车。此上半年结帐因出纱减额而缴费较大，所以略受亏耗之情形也。迨新花登场，本厂预进丰富，得于八月朔日继续开车，惜乎今庚姚花收成虽佳，被外埠以姚花价廉物美争相采办，一时求过于供，价格骤昂。本厂不敢多进，此后花纱倒置，又未能续办，是以存花仍薄，不敷应用，只得于年终提早停车。幸入秋以来，纱价步俏，尚沾微利。此下半年结帐所以稍能获利之情形也。年终汇结，计得盈余洋三十万零六千四百六十六元八角四分一厘，除遵部颁公司条例，先提公积金二十分之一七洋二万六千零四十九元六角八分一厘并照章应支股息洋七万二千元，又支湾头第二厂股本收据利息洋九万六千元，提存折旧洋二万元，派给发起人及现任董事、监察人酬金一成，洋七千三百九十三元三角七分三厘，派给办事人酬金二成半，洋一万八千四百八十三元四角三分二厘外，本届实收股东红利九成，洋六万六千五百四十元零三角五分五厘。醴芳以庸愚之材肩此重任，两载于兹，自知才力不逮，深虞陨越，一再向董事会掬忱告退，幸蒙董事诸公俯鉴愚忱，准予辞职。醴芳效力未周，有负诸股东付托之重，抱歉无既。除定期正式交卸外，谨将本届办理情形略述梗概并将本届收支各款详列报告,并附本届建筑图说及顾前经理记功碑文于篇末,伏希公鉴。

经理卢醴芳谨识

中华民国十三年三月　日宁波和丰纺织股份有限公司谨启

按:和丰纱厂第十一届至十六届帐略未见,据相关史料可知:

丁巳年(民国六年[1917年])即第十一届帐略。据宁波市档案馆编《宁波和丰纺织公司议事录》第59页记载,民国七年四月二十八日下午该公司在宁波总商会召开股东常会。会上,由监察人陈子埙逐项报告丁巳年帐略,"众无异议"。另,据《宁波和丰纺织公司议事录》第58页记载,经理顾元琛在民国七年三月五日召开的临时董事会上,报告称丁巳年全年共盈余洋三十一万五千元。又据《申报》1918年5月1日《和丰纱厂股东会纪事》记载,四月二十八日下午监察人陈子埙在该公司股东常会上报告称"本届共丈毛洋四十一万余元,除提存公积、折旧并支销官利、花红外,净丈股东红利二十万另二千五百余元"。

戊午年(民国七年)即第十二届帐略。据宁波市档案馆编《宁波和丰纺织公司议事录》第69页记载,民国八年四月八日该公司在宁波总商会召开股东常会。会上,由监察人陈子埙逐项报告戊午年帐略并获得通过。另,经理顾元琛报告戊午年营业状况,称"年终汇结计获盈余毛洋三十二万元,除支销外,净有盈余洋二十万余千元"。

己未年(民国八年)即第十三届帐略。据宁波市档案馆编《宁波和丰纺织公司议事录》第75页记载,民国九年四月二十五日下午该公司在宁波总商会召开股东常会。会上,由监察人陈子埙报告己未年帐略,"众无异议"。另,据《宁波和丰纺织公司议事录》第74页记载,经理顾元琛在民国九年三月十一日召开的临时董事会上,报告称己未年"全年汇结除开支外,计获盈余洋一百四十万零五千五百余元"。

庚申年(民国九年)即第十四届帐略。据宁波市档案馆编《宁波和丰纺织公司议事录》第79页记载,民国十年四月十六日下午该公司在宁波总商会召开股东常会。会上,由监察人陈子埙逐项报告庚申年帐略并获得通过。另,经理顾元琛报告庚申年营业状况,称共盈余洋一百五十二万二千九百四十元零八角三分七厘。

辛酉年(民国十年)即第十五届帐略。据宁波市档案馆编《宁波和丰纺织公司议事录》第86页记载,民国十一年四月九日下午该公司召开股东常会。会上,由监察人陈子埙逐项报告辛酉年帐略,"众无异议"。另,前任经理顾元琛报告辛酉年营业状况,称年终结帐约盈余七十万零五百余元。

壬戌年(民国十一年)即第十六届帐略。据宁波市档案馆编《宁波和丰纺织公司议事录》第90页记载,民国十二年四月二十二日下午该公司召开股东常会。会上,由监察人陈子埙逐项报告壬戌年帐略并获得通过。另,经理卢志清报告壬戌年营业状况,称年终结帐共盈余洋四十万零九千三百余元。

癸亥年(民国十二年)即第十七届帐略。据宁波市档案馆编《宁波和丰纺织公司议事录》第93页记载,癸亥年帐略经监察人查核明确,于民国十三年二月二十六日(甲子年正月二十二日)在春季董事常会上照准付刊。同年四月十二日(甲子年三月初九日)下午一时,该公司召开股东常会。会上,由监察人陈子埙逐项报告癸亥年帐略,其他议决内容详见《宁波和丰纺织公司议事录》第94—95页。

公司收支总帐

收入：

一、该股本,洋九十万元。

一、该湾头第二厂股本,洋一百二十万元。

一、该各存户,元六万五千三百八十四两五钱四分九厘。

一、该各存户,洋七十八万六千三百二十九元零九分一厘。

一、该历年公积,洋六万三千八百四十二元四角五分五厘。

一、该历年盈余,洋二千三百四十九元二角一分五厘。

一、该历年折旧,洋四万元。

一、该未支甲寅红利,洋四十元。

一、该未支戊午红利,洋一千三百元。

一、该未支己未红利,洋三千二百五十元。

一、该未支己未股息,洋九百八十八元。

一、该未支庚申红利,洋七千九百二十元。

一、该未支庚申股息,洋七百九十二元。

一、该未支庚申第二厂股息,洋七百九十二元。

一、该未支辛酉红利,洋四千零五十元。

一、该未支辛酉股息,洋九百七十二元。

一、该未支辛酉第二厂股息,洋九百七十二元。

一、该未支壬戌红利,洋二千九百九十二元。

一、该未支壬戌股息,洋一千六百三十二元。

一、该未支壬戌第二厂股息,洋二千一百七十六元。

一、该敦谊会基本金,洋一万元。

一、该恤工会基本金,洋一万元。

一、该敦谊会,洋二万四千一百二十元零一角六分四厘。

一、该恤工会,洋五千八百九十元零零七分七厘。

一、该和安会,洋二万四千二百零三元七角九分八厘。

一、该王永记杂花定,洋八千元。

一、该宁庄往来,洋一万九千五百元。

一、该永记,洋二百七十六元五角六分。

一、该探租,洋一千七百二十七元四角。

一、该存工,洋五千五百七十元。

一、该暂记,洋七千九百二十元零七角六分三厘。

一、该永耀电力股仗,洋一万四千五百元。

一、该本届盈余,洋三十万零六千四百六十六元八角四分一厘。

一、该银总,元八十一万二千二百九十四两七钱七分四厘。

共收入元八十七万七千六百七十九两三钱二分三厘,共收入洋三百四十五万八千五百七十二元三角六分四厘。

支出:

一、存产业,洋四十八万四千五百零一元九角三分四厘。

一、存机器,洋三十五万七千八百零二元七角九分一厘。

一、存电灯机,洋二万元。

一、存生财,洋一万元。

一、存申庄生财,洋一千元。

一、存周庄生财,洋三百元。

一、存恒安会水龙,洋四千元。

一、存义冢，洋四百六十元。

一、存宁庄资本，洋二万元。

一、存电力公司股本，洋三万六千二百五十元。

一、存浙路借券，洋三十八元。

一、存内国公债，洋二十一元七角五分。

一、存湾头厂基，洋十二万九千一百三十六元四角四分四厘。

一、存宁波棉业交易所股四百八十股，洋六千元。

一、存上海纱布交易所股七十五股，元一千三百五十两。

一、存四明信托公司宁波证券花纱交易所和记经纪人保证金，洋三千二百六十元。

一、存益记押款甲子正月三十日到期，元二十万两。

一、存裕昌押款甲子三月二十日到期，元五千两。

一、存瑞记押款甲子五月初十日到期，洋三万元。

一、存陆伯鸿押款甲子八月初一日到期，元四万两。

一、存馀记押款甲子八月三十日到期，元十一万两。

一、存乐振葆押款甲子十一月初五日到期，元六万两。

一、存永丰庄甲子三月三十日到期，元四万两。

一、存厚丰庄甲子三月三十日到期，元三万两。

一、存恒隆庄甲子三月三十日到期，元二万两。

一、存滋康庄甲子三月三十日到期，元一万两。

一、存復康庄甲子三月三十日到期，元一万两。

一、存滋丰庄甲子三月三十日到期，元一万两。

一、存敦裕庄，洋二万六千四百元零零五角二分二厘。

一、存瑞康庄，洋四万元。

一、存瑞馀庄，洋四万元。

一、存泰源庄,洋四万元。

一、存鼎丰庄,洋四万元。

一、存益康庄,洋四万元。

一、存裕源庄,洋三万元。

一、存成丰庄,洋二万元。

一、存衍源庄,洋二万元。

一、存景源庄,洋二万元。

一、存鼎恒庄,洋二万元。

一、存元益庄,洋一万五千元。

一、存丰源庄,洋一万五千元。

一、存资大庄,洋一万五千元。

一、存馀丰庄,洋一万五千元。

一、存慎丰庄,洋一万五千元。

一、存汇源庄,洋一万五千元。

一、存永源庄,洋一万元。

一、存彝泰庄,洋一万元。

一、存泰涵庄,洋一万元。

一、存钜康庄,洋一万元。

一、存慎康庄,洋一万元。

一、存晋恒庄,洋一万元。

一、存恒孚庄,洋一万元。

一、存天益庄,洋一万元。

一、存安泰庄,洋五千元。

一、存通源庄,洋五千元。

一、存源源庄,洋五千元。

一、存瑞源庄,洋五千元。

一、存慎馀庄,洋五千元。

一、存宝源庄,洋五千元。

一、存泰生庄,洋五千元。

一、存恒裕庄,洋五千元。

一、存元大庄,洋五千元。

一、存信源庄,洋五千元。

一、存资新庄,洋五千元。

一、存承源庄,洋五千元。

一、存成康庄,洋五千元。

一、存恒大庄,洋五千元。

一、存恒祥庄,洋五千元。

一、存泰巽庄,洋五千元。

一、存申庄往来,元二十三万三千一百七十九两三钱二分三厘。

一、存蓬庄往来,洋二千三百二十四元三角二分七厘。

一、存卢志记,洋二千四百十五元九角零四厘。

一、存商会巡防借款,洋一千元。

一、存申庄栈十支纱七百二十一件,一百五十两算,元十万零八千一百五十两。

一、存栈姚衣(一百二十砠)四千二百零四包,六十元算,洋二十五万二千二百四十元。

一、存栈本衣九十九包合(一百二十砠)七十九包二,六十元算,洋四千七百五十二元。

一、存栈籽花六十九袋合(一百二十砠)二十七包六,六十元算,洋一千六百五十六元。

一、存栈十支纱二万八千六百三十三只，五元四角算，洋十五万四千六百十八元二角。

一、存栈十二支纱八千三百二十七只，五元六角算，洋四万六千六百三十一元二角。

一、存栈麻袋一万五千九百八十九只，洋七千六百五十七元。

一、存栈煤炭三千三百吨，十六元算，洋五万二千八百元。

一、存栈物料，洋七万八千三百十六元四角八分二厘。

一、存栈粮食，洋三千四百四十二元六角四分八厘。

一、存车房花纱二万四千六百二十六磅，洋八千一百二十六元。

一、存样纱，洋一百零五元二角一分八厘。

一、存新建筑积水台，洋七千九百七十七元。

一、存现存，洋八千一百二十六元二角六分。

一、存银总，洋一百十三万七千二百十二元六角八分四厘。

共支出元八十七万七千六百七十九两三钱二分三厘，共支出洋三百四十五万八千五百七十二元三角六分四厘。

监察人陈俊伯、胡兰荪、施才皋　签字

公司盈余之数

收入：

一、售出十支纱五十六万零五百四十只，洋二百八十八万三千二百零九元九角三分。

一、售出十二支纱四万八千八百六十只，洋二十五万五千七百零四元四角五分五厘。

一、售出二白花二十五包半,洋九百十一元七角七分五厘。

一、售出杂花回丝,洋三万五千五百三十四元七角九分三厘。

一、售出花包索子,洋七千二百五十六元五角六分三厘。

一、售出花核,洋一万零三百九十九元五角三分四厘。

一、收轧花房八十磅本衣一百六十六包,洋四千五百六十五元。

一、收轧花房七十磅本衣五千一百七十八包,洋十二万四千二百七十二元。

一、收轧花房二白花二十五包半,洋九百十一元七角七分五厘。

一、收车房花纱二万四千六百二十六磅,洋八千一百二十六元。

一、收房、坑租、便田价,洋八千四百八十元零八角八分三厘。

一、收庄息,洋三万一千一百五十五元四角一分九厘。

一、收栈力,洋四百九十元。

一、收源来,洋一千三百六十九元。

一、收罚款,洋三百九十三元四角九分七厘。

一、收花仗,洋四万四千三百三十五元七角六分一厘。

一、收仗记宁庄盈余,洋一万元。

一、收仗记银总,洋九千四百六十六元一角七分六厘。

一、收仗记物料,洋一千零九十六元六角九分三厘。

一、收仗记改股费等,洋一千六百六十五元九角九分八厘。

共收入洋三百四十三万九千三百四十五元二角五分二厘。

支出:

一、支原料卅砠姚衣三万八千零九十九包半,洋二百零六万八千二百八十五元七角二分九厘。

一、支原料卅磅本衣二千四百九十包,洋十一万九千五百二十元。

一、支原料吅磅本衣八十三包,洋四千五百六十五元。

一、支原料太仓衣一百包,洋三千元。

一、支原料印度衣一千五百五十包,洋二十四万七千二百九十元。

一、支原料洋衣十二包,洋一千八百元。

一、支轧花房籽花六千三百八十六袋,洋十三万二千八百六十六元二角七分六厘。

一、支车房花纱二十三万五千六百五十一磅,洋五万九千四百五十四元。

一、支煤炭,洋八万二千六百八十四元四角九分八厘。

一、支各房物料,洋六万五千九百三十元零四角八分四厘。

一、支成包物料,洋二万零八百七十九元六角一分八厘。

一、支司事俸给,洋一万七千三百三十元零六角二分。

一、支各房男女工匠工,洋十五万七千七百八十元零九角九分一厘。

一、支赏给,洋一千四百十四元四角五分一厘。

一、支福食,洋一万九千零十二元三角。

一、支杂项,洋七千七百二十元零一角一分八厘。

一、支棉纱出口税饷、水脚,洋四万一千七百十九元七角七分三厘。

一、支提驳,洋七百零六元九角五分四厘。

一、支酬费,洋五千九百八十二元四角六分五厘。

一、支善举,洋一千二百四十一元七角二分。

一、支捐款,洋二千四百五十七元三角三分三厘。

一、支保险,洋一万八千三百四十五元四角六分。

一、支修理,洋一万三千零九十元零零三分一厘。

一、支修理平车,洋一万六千五百三十七元一角三分二厘。

一、支批发所缴用,洋一百八十元。

一、支申庄缴用,洋九千一百零四元二角七分一厘。

一、支第二厂缴用,洋二千六百七十六元。

一、支蓬庄缴用,洋二千三百零五元三角零三厘。

一、支医院、学堂缴用,洋二千零四十元零八角六分。

一、支申贴水,洋六千九百五十七元零二分四厘。

共支出洋三百十三万二千八百七十八元四角一分一厘。

除收支过,盈余洋三十万零六千四百六十六元八角四分一厘。

折成附录：

一、收本届盈余洋三十万零六千四百六十六元八角四分一厘。

一、支存本届公积二十分之一七,洋二万六千零四十九元六角八分一厘。

一、支存本届折旧,洋二万元。

一、支存本届盈余九成,洋六万六千五百四十元零三角五分五厘。

一、支销本届股息,洋七万二千元。

一、支销本届第二厂股息,洋九万六千元。

一、支销本届酬金董事、创办人、监察人一成,洋七千三百九十三元三角七分三厘。

一、支销本届酬金办事人二成半,洋一万八千四百八十三元四角三分二厘。

共支销洋三十万零六千四百六十六元八角四分一厘。

本公司股东姓名台衔附录

薇瑞堂	念股	戴理卿	念股	戴瑞卿	念股	戴文耀	念股
戴荫棠	念股	戴子华	念股	戴鹤年	念股	戴子范	念股
戴伍年	念股	第记	五股	承记	五股	象记	五股
新记	五股	贻记	五股	孙记	五股	子记	五股
源记	五股	流记	五股	等记	五股	宝记	五股
珍记	五股	鹏记	五股	飞记	五股	高记	五股
振记	五股	翮记	五股	骏记	五股	珠记	五股
玉记	五股	森记	五股	罗记	五股	列记	十股
云记	十股	礽记	四股	笑记	二股	语记	十股
频记	十股	功记	十股	怀记	十股	千记	十股
载记	三股	泽记	五股	及记	五股	四记	五股
方记	二股	民记	二股	宝记	二股	学记	五股
农记	五股	桑记	五股	起记	五股	灵记	五股
机记	六股	纺记	五股	织记	五股	申记	四股
山记	五股	河记	五股	歌记	一股	共记	三股
寿记	五股	秉记	五股	国记	五股	荷记	五股
陶记	五股	钧记	五股	礼记	五股	乐记	五股
射记	五股	御记	五股	书记	五股	数记	五股
锦春	六股	全记	三股	李敬记	二百股	英记	十股

续　表

祥记	十股	邵云记	一股	曾三堂	六十股	盛恭记	念股
盛宽记	念股	盛信记	念股	盛敏记	念股	盛惠记	念股
彦记	二股	秀记	四股	锺数房	十股	孟记	六十股
康记	十股	仁记	十股	钱福记	三十股	乾记	三股
隆记	三股	骏记	四股	骧记	四股	驄记	四股
长记	十股	朱庆记	四十股	钱崑祀	念股	施安记	十股
施益庆	十股	邵凝德	五股	李志记	念五股	王一亭	五股
杨定记	二股	财记	四股	明记	六股	王馨记	十股
徐顺林	十股	戴理记	七股	新顺绪号	八十股	盈记	念股
遥记	念股	富记	十五股	叙记	十股	癸记	五十股
谢仲记	念七股	慎馀	五股	铭记	二股	震记	一股
梧厓	念股	严聚丰	十股	吴宁记	四十股	吴祥馀	念股
吴蓉卿	五股	胡文元	二股	陈伟公祀	六股	陈复记	四股
陈益林	六股	陈云记	四股	戴德静	一股	杨埙房	二股
安裕	五股	潘松荫轩	五股	柳敦睦	一股	柳敦睦	一股
王守梅轩	二股	蒋公泰	五股	虞善德	八股	沈位房	五股
宝记	二股	运记	二股	徐德刚	五股	姜梅房	十股
周璇房	四股	周聚星堂	念股	李西峰	六股	馀记	念股
何振记	念股	吴吉庆祀	念股	纪晋记	念股	徐成祀	二股
范安生	十五股	范济生	十股	范星正记	念股	成赉记	十股

续　表

沈济美堂	十股	严补拙居	十股	周酌雅轩	十股	郑萃堂	二股
郑耕馀轩	二股	王仁腹	一股	姚朝芳	十股	范后知	三十股
范景记	六股	范瑞香	五股	范芸香	五股	范文质	念股
袁生仁	十股	范振记	四股	范振尧	五股	范振荣	五股
范振源	五股	范振武	五股	裕记	五股	怀记	十股
和记	五股	楼勤号	四十五股	励礼房	五股	励乐房	五股
谢蔺牎	六十三股	谢永泰祀	五股	永记	五股	伦记	五股
赵芝室	念一股	荣记	四股	邬衡记	二股	俞怡记	二股
周森记	十五股	澹静庐	二股	阊记	二股	闸记	二股
励诗房	五股	庆记	二股	许兆昌	十股	公记	十股
商记	五股	应宝记	十股	应善记	十五股	张协记	念股
运记	六股	双桂轩	二股	延龄记	二股	恭盛记	二股
梅记	十股	庆记	十股	张雩记	念二股	慕贞记	一股
久记	一股	沈泗卿	四股	沈廷灿	二股	朱冬馀	二股
月记	十股	炳记	五股	屠汾记	十股	虞震甫	念五股
益丰	念股	馥记	二股	李霞记	十股	何荨生	二股
位记	五股	位记	五股	倪倩记	十股	伊潮源	一股
汪炳记	三十股	乐福记	五股	乐甬记	五股	乐惠记	五股
江安澜	五股	林兰亭	十股	钧记	二股	培德堂	五股

续　表

寄春轩	六十股	朱巽记	五股	朱莲记	十股	姜汾记	十股
仁记	二股	槐荫居	一股	香雪居	二股	刘恒丰	九股
林友记	念股	樊和记	五股	邵紫记	二股	邵卓记	二股
庄纪记	五股	涵养轩	念股	陈馥记	三股	陈文记	十股
魏汉记	五股	魏鑫记	五股	裕福堂	十股	兴记	六股
恒记	二股	震记	五股	康记	三股	芗记	五十股
郁季记	七股	吴芝轩	念五股	郁藻记	念五股	吴礼记	拾五股
施才记	三十股	施东记	十股	黄振荣	四十股	吴麟书	十股
东来记	十股	吴元记	十股	吴亨记	十股	吴利记	十股
朱葆记	六十股	吴贞记	十股	徐庆堂吴	十股	陈岐记	五股
柳钰记	五股	和记	一股	何恭联记	念股	陈咏记	十股
陈康记	三股	陈鸿斌	五股	陈鸿斋	五股	孙康记	五股
陈贵记	一股	陈发记	一股	公记	十五股	朱荃记	五股
彩荷记	五股	胡兰记	四十股	困馀记	十股	范杏记	念二股
困兴记	十股	杨文记	念股	培德祀	念股	项茂记	三十股
孝友堂张	二股	惟善堂张	四股	李松记	六股	李文记	四股
叶三多堂	三股	墀记	五股	严宽房	二股	守拙子	二股
瞿富记	十股	崇德堂	五股	史仍孙	念股	徐显华	十股
刘福房	念股	林双记	六股	戴博兴祀	十股	陈如记	五股
张德记	念股	徐子记	十股	陈永记	五股	顾鼎记	八股

续　表

顾纫记	二股	石奇富	念股	傅义记	十股	吴明德	十股
耕馀轩	五股	李喧馀记	六股	洪九记	五股	景德长生会	念五股
景德斋僧会	念五股	吴顺记	七股	周莲记	五股	蕃记	二股
水寿记	五股	毕渭富	一股	李运记	十股	李春记	十股
胡合记	四股	卢志记	五股	曹昭记	五股	柳振记	五股
进修堂袁	五股	张九发	三股	郑馥记	五股	馨花室新记	念股
馨花室鄞记	念股	馨花室定记	念股	馨花室子记	十股	馨花室勋记	十股
馨花室庄记	十股	馨花室凯记	十股	松记	二股	徐崇记	十股
王寅记	五股	王烈记	五股	屠德记	一股	屠瑞记	一股
董利房	一股	董贞房	一股	裕记	五股	昌祀	十股
庆馀会	十股	玉记	二股	同记	三股	姚伦记	十股
根记	十股	慈义勇	五股	俞贵元	二股	周茂兰	四股
安乐居	二股	玉记	二股	陈光记	五股	陈桢记	五股
锡祉堂	十股	林希桓	十股	金长记	一股	顾元祀	五十股
顾鸿记	念四股	寿春轩	一百股	孙祖记	五股	赵云记	三股
诒谋堂	念股	存春庐	念股	卧云居	十股	养性居	十五股
爱莲居	五股	福记	五股	李森记	十五股	何炳扬	二股
韩芸记	七十五股	周仲记	十三股	同源生	二股	李馀记	五股

续　表

赵珊记	一股	裕记	三股	王长记	十五股	韩秀记	五股
张积善堂益记	十股	王道昌	三股	周留记	六股	严康棪	念五股
沈中房	十股	福记	十股	禄记	十股	寿记	十股
严佳斌	十股	义记	四股	珍记	念七股	锡梨堂张全记	一股
张其光	十股	王荫亭	三十股	许其房	一股	曹恭房	十股
银记	念股	徐棣苏	念四股	宝记	念股	樊和甫	十股
瞿富记	十股	大豫	一股	陈海记	十股	吴恭盛	三股
吴麟记	二百五十股	徐修甫	一股	陈子秀	一股	道助堂	七十股
桢记	二股	朱声记	十股	兴记	八十股	郑松亭	三十五股
周让卿	念五股	李飞记	三十三股	嚼雪庐	三十一股	陈蓉馆	念股
碧梧轩	十六股	徐庆堂	十股	自强	念股	泰号	四十股
慎记	三十股	馀记	四股	能记	三股	古泉	念股
湘记	十股	宙记	十股	洪记	十股	荒记	十股
日记	十股	月记	十股	周巽斋	念股	叶寿臣	念股
养性轩陈	念股	涵养轩菊记	十股	张凤记	四股	董仲生	念股
吴继宏	念九股	袁联记	二股	袁世记	三股	董荷记	五股
陈来孙	二股	赵君记	三股	陈仁勇	三股	晚成	念股
冯德记	一股	杨霖记	一股	吴瑞元	六十股	卢家穗	五股

续　表

益寿	五股	妙记	十股	峰记	十股	朱子记	五股
舟记	五股	崇义祀	五股	斐记	十七股	积庆堂	四股
吴凤如	九股	坤记	三股	凤记	九股	徐韵笙	八股
苏经记	十八股	性记	十股	钱康年	十股	钱康福	十股
童馀记	一股	童廉让堂	十四股	童诰记	十四股	童峙记	十四股
何联记	念五股	何升记	三股	何增记	二股	盈记	十股
昃记	十股	邵瑞生	五股	馥记	五股	朱子谦	六股
李觐丹	念五股	钱敬镛	十五股	成丰	十股	虞钧记	念五股
荡云室	六股	同福	五股	同寿	五股	同康	五股
同宁	五股	嵩山	八股	容德堂	十二股	鲍性记	二股
翁济初	念股	是亦轩翁	五股	虞洽卿	十五股	困振记	五股
胡逸云	十股	坤记	五股	施才皋	念股	慎记	四股
瑞记	十股	邻梅记	三股	梅宕居	二股	马锦记	二股
增记	一股	承志轩	二股	裕记	五股	元顺记	念股
李庆坻	五股	李庆均	五股	钱恭记	念股	中华劝工银行	四十二股
共计五千九百九十五股							
未换旧股单							
式记	五股						
两共合计六千股							

和丰纺织厂经理顾君元琛纪功碑[①]

按："和丰纺织厂经理顾君元琛纪功碑"（照片纵 15.5 厘米，横 11.2 厘米），由镇海盛炳纬撰、武进吕景端书，曾立于该公司公事房中间墙壁，今不存。

---

① 此标题原无，系编著者据碑额所加。

和丰纺织厂经理顾君元琛纪功碑文

余少读《礼记》至《大学》篇,有曰"生财有大道,生之者众,食之者寡,为之者疾,用之者舒,则财恒足矣",辄掩卷以思,以谓理财之道,别无他术,不过开源节流而已。治国然,治家亦然,即设肆以治工艺者,亦何独不然？今观于鄞县顾君元琛筦理纺织厂,历年成绩章章在人耳目,与《大学》数语,若合符节,益叹古人之言不我欺也。先是君联合同志,聚集资财,得六十万金,设和丰纺织厂于鄞之东鄙。仿泰西各国成例,设董事员,公推君为领袖董事,而以君同县周君熊甫主持厂事。熊甫雄才大略,规画闳远,开创伊始,所费不赀,任事二年,辞职以去。继之者,才望不逮,而烦费如故,前后统计负债至三十余万金。厂主人大哗,共事者急不择音,有议贷款于外国,而以全厂为质者。君力辟其议,就谘于余,余韪之。迺与君屏挡一切,益以请贷,得白金若干万,并举君为总理。君固辞。余曰厂事敝坏,所不绝者如缕,若非君出而撑拄,全局殆矣,且君为领袖董事,责无旁贷,其毋辞。君唯唯。既视事,迺集百执事而申儆之,曰若筦理购棉,必择其洁白,则物良；若筦理纺纱,必求其匀净,则价善；若筦理机器,必勤加拂拭,使之润泽,则出纱较捷,此所谓生之者众也。怠事者惩,滥竽者黜,既禀称事,人无尸素,此所谓食之者寡也。分时授工,夜以继日,察其勤能,而优赏之,则人人知奋,无一自暇自逸者,此所谓为之者疾也。量入为出,可裁者裁,可缓者缓,毋吝毋滥,此所谓用之者舒也。未及二年,骎骎有起色矣。会辛亥变起,海邦骚动,货泉不流,势不能不辍工以待。君朝夕忧虑,谓吾乡贫民,倚厂以为生活,不下千余家,一旦辍工而叹,则嗷嗷待哺者,将奚以为生耶？不得已,出己产以质银。至明年仲春,凡食力之男女,得依然工作,无虑冻馁者,皆君赐也。昔令尹子文毁家纾难,左氏纪之,传为美谈。然彼柄国政,戴于民上,其恤民也固宜。若君则身处阛阓,而有忧民之心,当加子文一等矣。君治事,苦心孤诣,不避艰险,而卒以竟其功。且数其时,仅十有二年耳,而赢余之利,至数百万金之钜。于是厂以内,增设纺筳,改辟厂屋,修废举坠,凡百就理。而又设学校,施医药,凡可以加惠工人者,无一而不具。厂以外,夏屋云连,市廛林立,辟道路以便行人,覆廊庑以蔽风雨。偏僻之区,俨如都会,非君之力而谁之力与？今者君援"成功者退"之义,将家居以养疴。同人等固留不获,迺相与伐石纪辞,以章其功德,而属文于余。余谓君之功,虽在于一厂,而其泽足以被一乡;君之事,虽行于一纪,而其法足以示后世,岂独表同人惓惓不忘之意,将使继是者以顾君之心为心,而为吾民谋乐利,则君虽去如不去也,爰纪之以为来者劝。

重光作噩季冬月镇海盛炳纬譔,宁波和丰纺织股分有限公司全体股东纪念

按：天一阁藏顾钊(元琛,谱名瑞澐)主修、程圣铬(锦堂)纂修民国二十二年(1933年)追远堂木活字本《鄞县顾氏家乘》卷十收录此文。另,天一阁藏顾钊录存、程圣铬编次民国二十二年晚晴庐铅印本《四明愚叟拾残录》(下简称《拾残录》)上卷亦收录此文,标题作《和丰纺织厂经理顾君元琛纪功碑》。《鄞县顾氏家乘》卷十、《四明愚叟拾残录》上卷还收录有民国八年袁尧年撰写的《顾君元琛经营和丰纺织厂成绩记》,其关于顾元琛经营管理该厂的记载具有一定的史料价值。

以谓理财之道：《拾残录》作"以为理财之道"。

迺与君屏挡一切："和丰纺织厂经理顾君元琛纪功碑"照片作

"迺与君屏当一切"。

势不能不辍工以待：《拾残录》误作"势不能不缀工以待"。

出已产以质银：《拾残录》误作"出已产以质银"。

重光作噩季冬月镇海盛炳纬譔："和丰纺织厂经理顾君元琛纪功碑"照片作"重光作噩季冬月镇海盛炳纬撰、武进吕景端书"。

宁波和丰纺织股分有限公司全体股东纪念：《拾残录》作"宁波和丰纺织股份有限公司全体股东纪念"。

三

宁波和丰纺织股份有限公司第十八届帐略 甲子

宁波和豐紡織股份有限公司第十八屆帳略 甲子

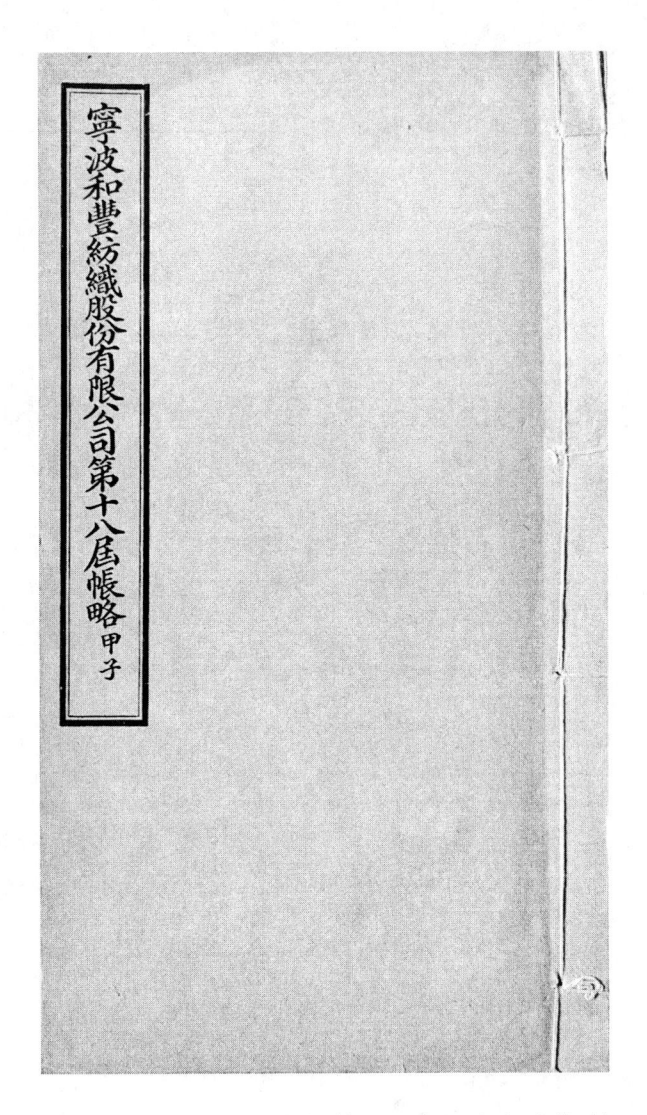

按：该帐略纵25.9厘米，横15厘米，不分卷，线装，版心上题"和丰纺织有限公司帐略"，民国十四年（1925年）铅印本，由上海中华书局代印。

宁波和丰纺织股份有限公司
第十八届办理情形帐略

启者：本公司自前清光绪三十二年开办，所有三十三年起、至民国十三年二月四日即旧历癸亥年十二月底止十七届帐略情形均经绘图报告周知。兹自旧历甲子年正月起、至十二月底止为第十八届结帐，应将办理大略情形详晰宣布。查本届营业，因过年存花无多，只得从缓开车，以待时机。迨后设法添办印棉始于四月望日开纺单班，此上半年结帐因停车日久，出纱少而缴费钜，所以略受亏耗之情形也。迨新花登场，得于八月二十二日加开双班，惜乎斯时花价奇昂，而纱价未能起色，尚难沾利犹幸花价步跌，本厂逢宜续进入冬纱价合诸成本有利可沾，此下半年结帐稍能获利之情形也。年终汇结，计得盈余洋十七万六千九百四十六元一角四分四厘，除遵部颁公司条例，先提公积金二十分之一七洋一万五千零四十元零四角二分二厘并照章应支股息洋七万二千元，又支湾头第二厂股本收据利息洋四万八千元，派给发起人及现任董事、监察人酬金一成，洋三千三百五十二元四角五分八厘，派给办事人酬金二成半，洋八千三百八十一元一角四分四厘外，本届实收股东红利九成，洋三万零一百七十二元一角二分。宗清以庸材谬膺重任，自三月间接办以来，时虞陨越，兼之时局不靖，展布为难，效力未周，抱歉无既，所望诸股东时锡南针，匡我不逮，此尤宗清所馨香祷祝者也。谨将本届办理情形略述梗概，并将本届收支各款详列报告并附本届建筑图于篇末，伏希公鉴。

经理钱宗清谨识

中华民国十四年三月　日宁波和丰纺织股份有限公司谨启

按：据宁波市档案馆编《宁波和丰纺织公司议事录》第97页记载，甲子年(民国十三年[1924年])即第十八届帐略经监察人查核明确、盖印，于民国十四年二月十八日(乙丑年正月二十六日)在春季董事常会上照准付刊。同年三月二十九日(乙丑年三月初六日)下午一时，该公司召开股东常会。会上，由监察人陈子埙逐项报告甲子年帐略，"众无异议"，其他议决内容详见《宁波和丰纺织公司议事录》第97—98页。

公司收支总帐

收入：

一、该股本，洋九十万元。

一、该湾头第二厂股本，洋六十万元。

一、该各存户，元五万一千三百九十两零三钱八分二厘。

一、该各存户，洋九十一万一千七百二十六元九角零一厘。

一、该历年公积，洋八万九千八百九十二元一角三分六厘。

一、该历年盈余，洋八千八百八十九元五角七分。

一、该历年折旧，洋六万元。

一、该未支股息，洋一万一千四百六十四元。

一、该未支红利，洋一万九千二百十二元。

一、该未支酬红，洋四千九百六十三元八角一分九厘。

一、该未支第二厂半数股本，洋一万九千五百元。

一、该未支第二厂半数股本利息，洋三百九十元。

一、该敦谊会基本金，洋一万元。

一、该敦谊会，洋二万四千一百五十二元七角二分三厘。

一、该恤工会基本金,洋一万元。

一、该恤工会,洋五千九百三十四元四角七分四厘。

一、该和安会,洋三万零二百六十五元一角。

一、该王永记杂花定,洋八千元。

一、该协丰纱垫,洋十一万八千六百五十八元零三分二厘。

一、该宁庄往来,洋一万二千元。

一、该褚炳记,洋三百元。

一、该钱中记,洋一百五十七元零二分二厘。

一、该盛叔记,洋九十二元六角二分一厘。

一、该暂记,洋三千七百四十四元一角九分四厘。

一、该探租,洋一千九百零六元四角。

一、该永耀电力股仗,洋一万四千五百元。

一、该本届折旧,洋二万元。

一、该本届盈余,洋十七万六千九百四十六元一角四分四厘。

一、该银总,元十七万八千零零九两七钱四分九厘。

共收入元二十二万九千四百两零零一钱三分一厘,共收入洋三百零六万二千六百九十五元一角三分六厘。

支出:

一、存产业,洋五十四万六千七百零一元九角三分四厘。

一、存机器,洋三十五万九千八百零二元七角九分一厘。

一、存电灯机,洋二万元。

一、存生财,洋一万元。

一、存申庄生财,洋一千元。

一、存周庄生财,洋三百元。

一、存恒安会,洋四千二百元。

一、存义冢,洋四百六十元。

一、存宁庄资本,洋二万元。

一、存电力公司股本,洋三万六千二百五十元。

一、存浙路借券,洋三十八元。

一、存内国公债,洋二十一元七角五分。

一、存湾头厂基,洋十一万七千八百四十八元二角四分四厘。

一、存宁波棉业交易所股四百八十股,洋六千元。

一、存陆伯鸿押款乙丑正月三十日到期,元六万两。

一、存裕昌押款乙丑正月三十日到期,元一千两。

一、存馀记押款乙丑二月廿一日到期,元一万零零八十两。

一、存裕昌押款乙丑五月二十日到期,元四千两。

一、存益康庄乙丑二月初六日到期,元四万零三百二十两。

一、存瑞康庄乙丑二月初八日到期,元四万零三百二十两。

一、存敦裕庄,洋九千七百六十一元四角二分。

一、存瑞馀庄,洋一万元。

一、存泰源庄,洋一万元。

一、存鼎丰庄,洋一万元。

一、存资大庄,洋一万元。

一、存景源庄,洋一万元。

一、存元益庄,洋五千元。

一、存裕源庄,洋五千元。

一、存成丰庄,洋五千元。

一、存永源庄,洋五千元。

一、存衍源庄,洋五千元。

一、存彝泰庄,洋五千元。
一、存丰源庄,洋五千元。
一、存馀丰庄,洋五千元。
一、存慎丰庄,洋五千元。
一、存泰涵庄,洋五千元。
一、存晋恒庄,洋五千元。
一、存鼎恒庄,洋五千元。
一、存恒孚庄,洋五千元。
一、存汇源庄,洋五千元。
一、存天益庄,洋五千元。
一、存元亨庄,洋五千元。
一、存彝生庄,洋五千元。
一、存安泰庄,洋五千元。
一、存瑞源庄,洋五千元。
一、存慎馀庄,洋五千元。
一、存宝源庄,洋五千元。
一、存元大庄,洋五千元。
一、存恒祥庄,洋五千元。
一、存泰巽庄,洋五千元。
一、存信源庄,洋三千元。
一、存承源庄,洋三千元。
一、存恒大庄,洋三千元。
一、存恒康庄,洋二千元。
一、存恒春庄,洋二千元。
一、存泰生庄,洋二千元。

一、存申庄往来，元六万五千八百八十两零一钱三分一厘。

一、存蓬庄往来，洋四万七千六百二十六元六角六分四厘。

一、存暂记商会派认兵费，洋三千元。

一、存暂记旅沪同乡会筹认善后费，洋一千元。

一、存申庄栈十支纱五十件，一百五十六两算，元七千八百两。

一、存栈姚衣（一百二十砠）一万一千九百七十一包，六十二元算，洋七十四万二千二百零二元。

一、存栈本衣（一百零五砠）六十包，五十四元算，洋三千二百四十元。

一、存栈籽花四千七百八十九袋合（一百二十砠）一千九百十五包六，六十二元算，洋十一万八千七百六十七元二角。

一、存栈十支纱五万七千九百零八只，五元八角算，洋三十三万五千八百六十六元四角。

一、存栈十二支纱四千六百九十二只，六元算，洋二万八千一百五十二元。

一、存栈麻袋一万五千九百八十九只，洋七千六百五十七元。

一、存栈煤炭四千五百二十一吨，十四元算，洋六万三千二百九十四元。

一、存栈物料，洋七万八千四百十元零九角九分。

一、存栈粮食，洋一千六百九十六元。

一、存样纱，洋四十八元。

一、存车房花纱十一万七千一百十九磅，洋四万五千零九十元。

一、存现存，洋一万六千四百八十六元九角。

一、存银总，洋二十五万二千七百七十三元八角四分三厘。

共支出元二十二万九千四百两零一钱三分一厘，共支出洋三百零六万二千六百九十五元一角三分六厘。

监察人陈俊伯、胡兰荪、费寿祺　签字

公司盈余之数

收入：

一、售出十支纱五十万零二千六百三十八只,洋二百九十三万七千二百八十八元二角七分五厘。

一、售出十二支纱三万九千四百五十只,洋二十四万七千一百三十五元八角三分一厘。

一、售出六支纱九千三百零八只,洋四万三千九百九十九元七角八分五厘。

一、售出二白花三十八包半,洋一千四百六十一元。

一、售出杂花回丝,洋五万七千零六十五元八角七分四厘。

一、售出花包索子,洋五千八百六十二元一角八分三厘。

一、售出花核,洋二万五千九百四十九元零九分八厘。

一、收轧花房七十磅本衣一万二千三百八十八包,洋三十八万二千四百三十四元五角。

一、收轧花房二白花三十八包半,洋一千四百六十一元。

一、收车房花纱十一万七千一百十九磅,洋四万五千零九十元。

一、收房、坑租、便田价,洋七千四百四十七元四角二分四厘。

一、收庄息,洋二万零七百二十一元七角七分二厘。

一、收栈力,洋六百三十五元一角一分。

一、收源来,洋一千一百四十七元六角。

一、收罚款,洋三百六十三元二角四分四厘。

一、收花仗,洋三万五千二百五十五元五角五分。

一、收仗记宁庄盈余,洋七千元。

一、收仗记银总,洋三万二千五百十四元一角一分六厘。

一、收仗记物料,洋三百八十六元二角零六厘。

一、收仗记煤栈,洋二千九百九十八元二角四分八厘。

一、收仗记改股费等,洋一千八百八十九元八角四分二厘。

共收入洋三百八十五万八千一百零六元六角五分八厘。

支出:

一、支原料䇷砠姚衣三万三千二百五十二包半,洋二百二十三万四千四百二十八元八角五分五厘。

一、支原料䇷砠本衣六千二百三十三包,洋三十五万六千九百九十三元。

一、支原料印度衣七百包,洋十三万五千零六十元。

一、支原料天津衣三百二十包,洋八万零七百九十二元。

一、支原料通州衣一百八十包,洋一万二千五百元。

一、支轧花房籽花一万四千九百九十六袋,洋三十六万七千八百九十二元。

一、支车房花纱二万四千六百二十六磅,洋八千一百二十六元。

一、支煤炭,洋七万四千四百二十四元。

一、支各房物料,洋六万六千九百二十七元七角零三厘。

一、支成包物料,洋一万六千七百三十六元五角六分二厘。

一、支司事俸给,洋一万七千八百十七元八角。

一、支各房男女工匠工,洋十三万九千六百五十四元二角五分七厘。

一、支赏给,洋二千三百六十九元一角三分九厘。

一、支福食,洋一万八千九百二十九元六角一分。

一、支杂项,洋九千一百七十七元二角七分九厘。

一、支棉纱出口税饷、水脚,洋三万二千四百六十六元八角五分四厘。

一、支提驳,洋一千零九十七元一角九分五厘。

一、支酬费,洋五千四百九十四元二角三分。

一、支善举,洋一千零八十七元七角九分。

一、支捐款,洋三千二百二十二元八角三分三厘。

一、支保险,洋一万八千二百十二元五角五分九厘。

一、支修理,洋一万六千一百六十八元三角四分四厘。

一、支第二厂半数股本三个月利息,洋一万二千元。

一、支批发所缴用,洋一百八十元。

一、支申庄缴用,洋九千二百九十元零二角七分三厘。

一、支第二厂缴用,洋二千五百二十元。

一、支蓬庄缴用,洋四千一百四十八元七角五分五厘。

一、支医院、学堂缴用,洋二千六百二十六元七角零二厘。

一、支申贴水,洋一万零八百十六元七角七分四厘。

一、支本届折旧,洋二万元。

共支出洋三百六十八万一千一百六十元零五角一分四厘。

除收支过,盈余洋十七万六千九百四十六元一角四分四厘。

折成附录:

一、收本届盈余洋十七万六千九百四十六元一角四分四厘。

一、支存本届公积二十分之一七,洋一万五千零四十元零四角二分二厘。

一、支存本届盈余九成,洋三万零一百七十二元一角二分。

一、支销本届股息,洋七万二千元。

一、支销本届第二厂股息,洋四万八千元。

一、支销本届酬金董事、创办人、监察人一成,洋三千三百五十二元四角五分八厘。

一、支销本届酬金办事人二成半,洋八千三百八十一元一角四分四厘。

共支销洋十七万六千九百四十六元一角四分四厘。

本公司股东姓名台衔附录

薇瑞堂	念股	戴理卿	念股	戴瑞卿	念股	戴文耀	念股
戴荫棠	念股	戴子华	念股	戴鹤年	念股	戴子范	念股
戴伍年	念股	第记	五股	承记	五股	象记	五股
新记	五股	贻记	五股	孙记	五股	子记	五股
源记	五股	流记	五股	等记	五股	宝记	五股
珍记	五股	鹏记	五股	飞记	五股	高记	五股
振记	五股	翮记	五股	骏记	五股	珠记	五股
玉记	五股	森记	五股	罗记	五股	列记	十股
云记	十股	礽记	四股	笑记	二股	语记	十股
频记	十股	功记	十股	怀记	十股	千记	十股
载记	三股	泽记	五股	及记	五股	四记	五股
方记	二股	民记	二股	实记	二股	学记	五股
农记	五股	桑记	五股	起记	五股	灵记	五股

续　表

机记	六股	纺记	五股	织记	五股	申记	四股
山记	五股	河记	五股	歌记	一股	共记	三股
寿记	五股	秉记	五股	国记	五股	荷记	五股
陶记	五股	钧记	五股	礼记	五股	乐记	五股
射记	五股	御记	五股	书记	五股	数记	五股
锦春	六股	全记	三股	李敬记	二百股	英记	十股
祥记	十股	邵云记	一股	曾三堂	六十股	盛恭记	念股
盛宽记	念股	盛信记	念股	盛敏记	念股	盛惠记	念股
彦记	二股	秀记	四股	锺数房	十股	孟记	六十股
康记	十股	仁记	十股	钱福记	三十股	乾记	三股
隆记	三股	骏记	四股	骧记	四股	璁记	四股
长记	十股	朱庆记	四十股	钱崑祀	念股	施安记	十股
施益庆	十股	邵凝德	五股	李志记	念五股	王一亭	五股
杨定记	二股	财记	四股	明记	六股	王馨记	十股
徐顺林	十股	戴理记	七股	新顺绪号	七十股	盈记	念股
暹记	念股	富记	十五股	叙记	十股	弢记	五十股
谢仲记	念七股	慎馀	五股	铭记	二股	震记	一股
梧廛	念股	严聚丰	十股	吴宁记	四十股	吴祥馀	念股
吴蓉卿	五股	胡文元	二股	陈伟公祀	六股	陈復记	四股
陈益林	六股	陈云记	四股	戴德静	一股	杨埙房	二股
安裕	五股	潘松荫轩	五股	柳敦睦	一股	柳敦睦	一股

续　表

王守梅轩	二股	蒋公泰	五股	虞善德	八股	沈位房	五股
宝记	二股	运记	二股	徐德刚	五股	姜梅房	十股
周璇房	四股	周聚星堂	念股	李西峰	六股	馀记	念股
何振记	念股	吴吉庆祀	念股	纪晋记	念股	徐成祀	二股
范安生	十五股	范济生	十股	范星正记	念股	成赉记	十股
沈济美堂	十股	严补拙居	十股	周酌雅轩	十股	郑萃堂	二股
郑耕馀轩	二股	王仁腹	一股	姚朝芳	十股	范后知	三十股
范景记	六股	范瑞香	五股	范芸香	五股	范文质	念股
袁生仁	十股	范振记	四股	范振尧	五股	范振荣	五股
范振源	五股	范振武	五股	裕记	五股	怀记	十股
和记	五股	楼勤号	四十五股	励礼房	五股	励乐房	五股
谢蔺臒	六十三股	谢永泰祀	五股	永记	五股	伦记	五股
赵芝室	念一股	荣记	四股	邬衡记	二股	俞怡记	二股
周森记	十五股	澹静庐	二股	阆记	二股	阐记	二股
励诗房	五股	庆记	二股	许兆昌	十股	公记	十股
商记	五股	应宝记	十股	应善记	十五股	张协记	念股
运记	六股	双桂轩	二股	延龄记	二股	恭盛记	二股
梅记	十股	庆记	十股	张雩记	念二股	慕贞记	一股
久记	一股	沈泗卿	四股	沈廷灿	二股	朱冬馀	二股
月记	十股	炳记	五股	屠汾记	十股	虞震甫	念五股

续 表

益丰	念股	馥记	二股	李霞记	十股	何尊生	二股
位记	五股	位记	念股	倪俦记	十股	伊潮源	一股
汪炳记	三十股	乐福记	五股	乐甬记	五股	乐惠记	五股
江安澜	五股	林兰亭	十股	钧记	二股	培德堂	五股
寄春轩	六十股	朱巽记	五股	朱莲记	十股	姜汾记	十股
仁记	二股	槐荫居	一股	香雪居	二股	刘恒丰	九股
林友记	念股	樊和记	五股	邵紫记	二股	邵卓记	二股
庄纪记	五股	涵养轩	念股	陈馥记	三股	陈文记	十股
裕福堂	十股	兴记	六股	恒记	二股	震记	五股
康记	三股	芎记	五十股	郁季记	七股	吴芝轩	念五股
郁藻记	念五股	吴礼记	拾五股	施才记	三十股	施东记	十股
黄振荣	四十股	吴麟书	十股	东来记	十股	吴元记	十股
吴亨记	十股	吴利记	十股	朱葆记	六十股	吴贞记	十股
徐庆堂吴	十股	柳钰记	五股	和记	一股	何恭联记	念股
陈咏记	十股	陈康记	三股	陈鸿斌	五股	陈鸿斋	五股
孙康记	五股	陈贵记	一股	陈发记	一股	公记	十五股
朱荃记	五股	彩荷记	五股	胡兰记	四十股	囷馀记	十股
范杏记	念二股	囷兴记	十股	杨文记	念股	培德祀	念股
项茂记	三十股	孝友堂张	二股	惟善堂张	四股	李松记	六股
李文记	四股	叶三多堂	三股	墀记	五股	严宽房	二股
守拙子	二股	屠雪记	十股	崇德堂	五股	史仍孙	念股

续　表

徐显华	十股	刘福房	念股	林双记	六股	戴博兴祀	十股
陈如记	五股	张德记	念股	徐子记	十股	陈永记	五股
顾鼎记	八股	顾纫记	二股	石奇富	念股	傅义记	十股
吴明德	十股	耕馀轩	五股	李噎馀记	六股	洪九记	五股
景德长生会	念五股	景德斋僧会	念五股	吴顺记	七股	周莲记	五股
蕃记	二股	水寿记	五股	毕渭富	一股	李运记	十股
李春记	十股	胡合记	四股	卢志记	五股	曹昭记	五股
柳振记	五股	进修堂袁	五股	张九发	三股	郑馥记	五股
馨花室新记	念股	馨花室鄞记	念股	馨花室定记	念股	馨花室子记	十股
馨花室勋记	十股	馨花室庄记	十股	馨花室凯记	十股	松记	二股
徐崇记	十股	王寅记	五股	王烈记	五股	屠德记	一股
屠瑞记	一股	董利房	一股	董贞房	一股	裕记	五股
昌祀	十股	庆馀会	十股	玉记	二股	同记	三股
姚伦记	十股	根记	十股	慈义勇	五股	俞贵元	二股
周茂兰	四股	安乐居	二股	玉记	二股	陈光记	五股
陈桢记	五股	锡祉堂	十股	林希桓	十股	金长记	一股
顾元祀	五十股	顾鸿记	念四股	寿春轩	一百股	孙祖记	五股
赵云记	三股	诒谋堂	念股	存春庐	念股	卧云居	十股
养性居	十五股	爱莲居	五股	福记	五股	李森记	十五股
何炳扬	二股	韩芸记	七十五股	周仲记	十三股	同源生	二股

续　表

李馀记	五股	赵珊记	一股	裕记	三股	王长记	十五股
韩秀记	五股	张积善堂益记	十股	王道昌	三股	周留记	六股
严康楸	念五股	沈中房	十股	福记	十股	禄记	十股
寿记	十股	严佳斌	十股	义记	四股	珍记	念七股
锡梨堂张全记	一股	张其光	十股	王荫亭	三十股	许其房	一股
曹恭房	十股	银记	念股	徐棣荪	念四股	宝记	念股
樊和甫	十股	瞿富记	十股	大豫	一股	陈海记	十股
吴恭盛	三股	吴麟记	二百五十股	徐修甫	一股	陈子秀	一股
道助堂	七十股	桢记	二股	朱声记	十股	郑松亭	三十五股
周让卿	念五股	李飞记	三十股	嚼雪庐	三十一股	陈蓉馆	念股
碧梧轩	十六股	馀庆堂	十股	自强	念股	泰号	四十股
慎记	三十股	馀记	四股	能记	三股	古泉	念股
湘记	十股	宙记	十股	洪记	十股	荒记	十股
日记	十股	月记	十股	周巽斋	念股	叶寿臣	念股
养性轩陈	念股	涵养轩菊记	十股	张凤记	四股	凌伯记	念股
吴继宏	念九股	袁联记	二股	袁世记	三股	董荷记	五股
陈来孙	二股	赵君记	三股	陈仁勇	三股	晚成	念股
冯德记	一股	杨霖记	一股	吴瑞元	六十股	卢家穗	五股
益寿	五股	妙记	十股	蜂记	十股	朱子记	五股

续　表

舟记	五股	崇义祀	五股	斐记	十七股	积庆堂	四股
吴凤如	九股	坤记	三股	凤记	九股	徐韵笙	八股
苏经记	十八股	性记	十股	钱康年	十股	钱康福	十股
童馀记	一股	童廉让堂	十四股	童诰记	十四股	童峙记	十四股
何联记	念五股	何升记	三股	何增记	二股	盈记	十股
昃记	十股	徐乐卿	五股	馥记	五股	朱子谦	六股
李觐丹	念五股	钱敬镛	十五股	成丰	五股	虞钧记	念五股
荡云室	六股	同福	五股	同寿	五股	同康	五股
同宁	五股	嵩山	八股	容德堂	十二股	鲍性记	二股
翁济初	念股	是亦轩翁	五股	虞洽卿	十五股	困振记	五股
胡逸云	十股	坤记	五股	施才皋	念股	慎记	四股
瑞记	十股	鄞梅记	三股	梅宕居	二股	马锦记	二股
增记	一股	承志轩	二股	裕记	五股	元顺记	念股
李庆坻	五股	李庆均	五股	钱恭记	念股	中华劝工银行	四十二股
吴绍周祀	十股	戴德康房	念股	戴德乐房	念股	戴德和房	念股
戴德亲房	念股	王文华	八股				
共计五千九百九十五股							
未换旧股单							
式记	五股						
两共合计六千股							

四

宁波和丰纺织股份有限公司第十九届帐略 乙丑

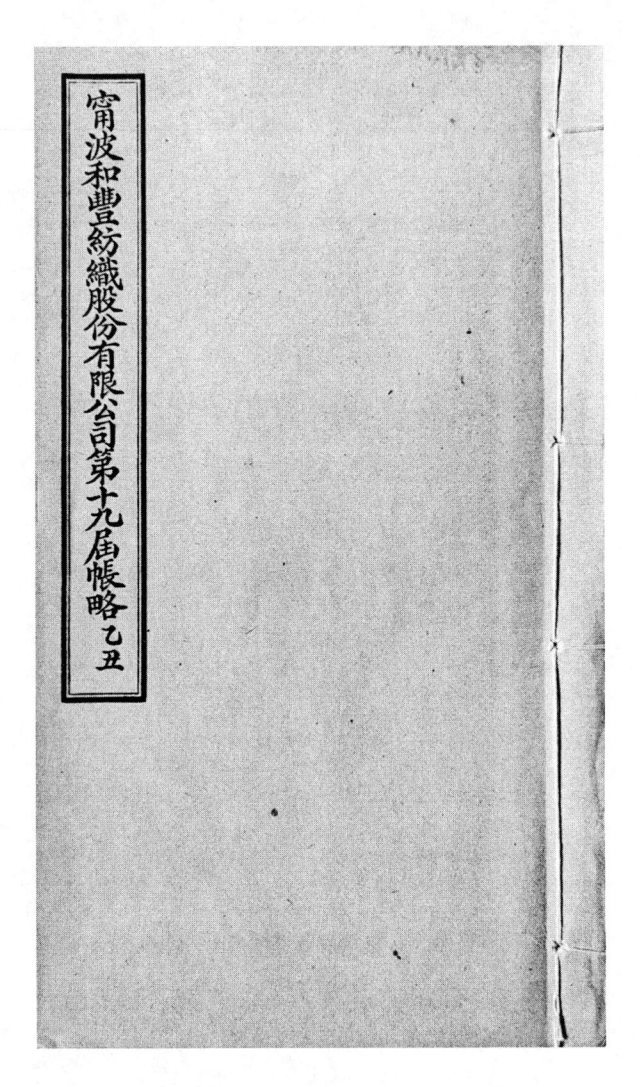

寧波和豐紡織股份有限公司第十九屆帳略乙丑

按：該帳略縱26厘米，橫15.3厘米，不分卷，線裝，版心上題"和丰紡織有限公司帳略"，民國十五年（1926年）鉛印本，由上海中華書局代印。

宁波和丰纺织股份有限公司
第十九届办理情形帐略

  敬启者：本公司自前清光绪三十二年开办，所有三十三年起、至民国十四年一月二十三日即旧历甲子年十二月底止，十八届帐略情形均经绘图报告周知。兹自旧历乙丑年正月起、至十二月底止，为第十九届结帐，应将办理大略情形详晰宣布。查本届营业，被上年存花价昂而入春纱价步跌，纱花倒置，不相符合，兼之销路呆钝，存纱积滞，不得已于四月二十五日暂行停车，以待时机。迨五卅案起，沪厂停工，纱销略有转机，遂于六月朔日继续开车，此上半年结帐因停车日久，致受亏耗之情形也。迨秋季新花登场，价格稍廉，而纱市亦渐有起色，本厂进花售纱尚能稍沾微利。讵奈入冬以来，因时局不靖，运销呆滞，兼之洋花暴跌，纱价竟至一落千丈，花价虽亦日趋下风，惜乎本厂于新花上市之际，不免多进，以致花贵纱贱，难以获利，此下半年结帐虽获微利，仅足抵补亏耗之情形也。年终汇结，计得盈余洋八万零三百二十四元七角零一厘，除遵部颁公司条例，先提公积二十分之一七洋六千八百二十七元六角并照章应支股息洋七万二千元外，本届实收红利洋一千四百九十七元一角零一厘。宗清初膺重任，深虞陨越，适值时事多故，市景凋敝，效力不周，抱歉无既，所望诸股东有以相谅。谨将本届办理情形略述梗概，并将本届收支各款详列报告，并附本届建筑图说于篇末，伏希公鉴。

              经理钱宗清谨识
  中华民国十五年三月 日宁波和丰纺织股份有限公司谨启
  按：据宁波市档案馆编《宁波和丰纺织公司议事录》第 100 页

记载,乙丑年(民国十四年[1925年])即第十九届帐略经监察人查核明确、盖印,于民国十五年三月十日(丙寅年正月二十六日)在春季董事常会上照准付刊。同年四月十八日(丙寅年三月初七日)下午一时,该公司召开股东常会。会上,由监察人陈子埙报告乙丑年帐略,"众无异议",其他议决内容详见《宁波和丰纺织公司议事录》第101—102页。

公司收支总帐

收入:

一、该股本,洋九十万元。

一、该湾头第二厂股本,洋六十万元。

一、该各存户,元二十二万一千零六十七两二钱七分。

一、该各存户,洋六十九万六千二百八十四元七角八分一厘。

一、该历年公积,洋十万零四千九百三十二元五角五分八厘。

一、该历年盈余,洋九千零六十一元六角九分。

一、该历年折旧,洋八万元。

一、该未支股息,洋一万五千二百六十四元。

一、该未支红利,洋一万九千九百五十元。

一、该未支酬红,洋五千零六十八元五角八分三厘。

一、该未支第二厂半数股本,洋一万八千二百元。

一、该未支第二厂半数股本利息,洋三百六十四元。

一、该敦谊会基本金,洋一万元。

一、该恤工会基本金,洋一万元。

一、该敦谊会,洋二万六千七百九十七元九角一分。

一、该恤工会,洋六千八百五十五元一角八分六厘。

一、该和安会,洋三万六千八百十一元三角零八厘。

一、该王永记杂花定,洋八千元。

一、该宁庄往来,洋一万六千元。

一、该褚炳记,洋二百元。

一、该茂昌,洋一百元。

一、该钱中记,洋一百四十元零零零一厘。

一、该永耀电力股仗,洋一万四千五百元。

一、该探租,洋二千零六十一元四角。

一、该存工,洋二元。

一、该未发工资,洋十四元九角二分。

一、该本届折旧,洋二万元。

一、该本届第二厂股息,洋四万八千元。

一、该本届盈余,洋八万零三百二十四元七角零一厘。

一、该银总,洋一万三千一百二十七元九角五分五厘。

共收入元二十二万一千零六十七两二钱七分,共收入洋二百七十四万二千零六十元零九角九分三厘。

支出：

一、存产业,洋五十五万六千二百零一元九角三分四厘。

一、存产业新置上海三马路地产,洋三万七千六百六十元。

一、存机器,洋三十六万七千三百零二元七角九分一厘。

一、存电灯机,洋二万四千元。

一、存生财,洋一万元。

一、存申庄生财,洋一千元。

一、存周庄生财，洋三百元。

一、存恒安会，洋四千四百元。

一、存义冢，洋四百六十元。

一、存宁庄资本，洋二万元。

一、存电力公司股本，洋三万六千二百五十元。

一、存浙路借券，洋三十八元。

一、存内国公债，洋二十一元七角五分。

一、存湾头厂基，洋十一万四千四百五十七元二角四分四厘。

一、存宁波棉业交易所股四百八十股，洋六千元。

一、存陆伯鸿押款丙寅正月三十日到期，元六万两。

一、存裕昌押款丙寅五月二十日到期，元四千两。

一、存浙省公债，洋二千六百二十五元。

一、存粮食栈生财，洋二百元。

一、存暂记商会派认兵费，洋三千元。

一、存暂记，洋四千一百七十八元零二分一厘。

一、存敦裕庄，洋二万零九百七十三元九角零二厘。

一、存同慎庄，洋二万元。

一、存瑞馀庄，洋二万元。

一、存鼎丰庄，洋一万五千元。

一、存泰源庄，洋一万五千元。

一、存瑞康庄，洋一万元。

一、存成丰庄，洋一万元。

一、存资大庄，洋一万元。

一、存益康庄，洋一万元。

一、存裕源庄，洋一万元。

一、存永源庄,洋一万元。
一、存景源庄,洋一万元。
一、存鼎恒庄,洋一万元。
一、存元亨庄,洋一万元。
一、存元大庄,洋一万元。
一、存信源庄,洋一万元。
一、存泰巽庄,洋一万元。
一、存慎馀庄,洋一万元。
一、存元益庄,洋五千元。
一、存衍源庄,洋五千元。
一、存彝泰庄,洋五千元。
一、存丰源庄,洋五千元。
一、存馀丰庄,洋五千元。
一、存泰涵庄,洋五千元。
一、存慎康庄,洋五千元。
一、存晋恒庄,洋五千元。
一、存恒孚庄,洋五千元。
一、存汇源庄,洋五千元。
一、存慎丰庄,洋五千元。
一、存天益庄,洋五千元。
一、存长源庄,洋五千元。
一、存彝生庄,洋五千元。
一、存恒生庄,洋五千元。
一、存通源庄,洋五千元。
一、存瑞源庄,洋五千元。

一、存安泰庄，洋五千元。

一、存宝源庄，洋五千元。

一、存恒祥庄，洋五千元。

一、存承源庄，洋五千元。

一、存通泰庄，洋五千元。

一、存瑞丰庄，洋五千元。

一、存泰生庄，洋三千元。

一、存慎益庄，洋三千元。

一、存宝兴庄，洋三千元。

一、存恒康庄，洋二千元。

一、存资新庄，洋二千元。

一、存恒春庄，洋二千元。

一、存蓬庄，洋三千二百四十二元九角六分。

一、存申庄，元六万五千五百八十六两一钱五分九厘。

一、存申庄栈十支纱六百二十二件，一百三十二两算，元八万二千一百零四两。

一、存栈姚衣(一百二十砠)九千五百九十四包，五十二元算，洋四十九万八千八百八十八元。

一、存栈梅衣(一百二十砠)二百九十七包，五十六元算，洋一万六千六百三十二元。

一、存栈本衣(一百零五砠)三百二十五包，四十八元算，洋一万五千六百元。

一、存栈印度衣八百五十件合(一百二十砠)二千一百二十五包，五十二元算，洋十一万零五百元。

一、存栈籽花一千八百八十七袋合(一百二十砠)七百五十四包八，五十五元算,洋四万一千五百十四元。

一、存栈十支纱六万七千五百六十一只,四元七角算,洋三十一万七千五百三十六元七角。

一、存栈十二支纱三千五百十二只,四元九角算,洋一万七千二百零八元八角。

一、存栈麻袋一万七千九百八十九只,洋八千元。

一、存栈煤炭二千二百二十吨零一二五,十四元算,洋三万一千零八十一元七角五分。

一、存栈物料,洋九万六千五百五十二元八角八分一厘。

一、存样纱,洋四十八元。

一、存车房花纱十一万三千一百六十二磅半,洋三万七千二百八十元。

一、存现存,洋八千九百零七元二角六分。

一、存银总,元九千三百七十七两一钱一分一厘。

共支出元二十二万一千零六十七两二钱七分,共支出洋二百七十四万二千零六十元零九角九分三厘。

监察人陈俊伯、胡兰荪、费寿祺　签字

公司盈余之数

收入:

一、售出十支纱八十二万四千二百二十一只,洋四百三十五万四千六百三十一元三角七分六厘。

一、售出十二支纱七万三千四百六十一只,洋四十二万八千五百三十九元一角七分一厘。

一、售出六支纱一万二千一百零二只半,洋五万六千三百十八元八角四分。

一、售出十六支纱一万二千三百二十只,洋七万一千零七十二元五角七分九厘。

一、售出二白花八十包,洋二千三百四十八元。

一、售出杂花回丝,洋九万一千二百二十一元零六分六厘。

一、售出花包索子,洋一万零三百五十九元一角五分六厘。

一、售出花核,洋四万零二百十八元二角二分八厘。

一、收轧花房七十磅本衣九千二百零八包,洋二十五万七千八百八十一元。

一、收轧花房八十磅本衣一万零四十六包,洋二十九万七千二百九十元。

一、收轧花房二白花八十包,洋二千三百四十八元。

一、收车房花纱十一万三千一百六十二磅半,洋三万七千二百八十元。

一、收房、坑租、便田价,洋一万一千五百九十三元四角一分四厘。

一、收栈力,洋七百五十二元五角二分七厘。

一、收源来,洋一千六百七十三元零五分。

一、收罚款,洋六百七十二元九角四分七厘。

一、收花仗,洋一万六千八百九十四元五角一分二厘。

一、收仗记宁庄盈余,洋一万元。

一、收仗记物料,洋一千二百零四元八角五分九厘。

一、收仗记煤栈,洋四千零四十元零四角九分一厘。

一、收仗记,洋一千五百二十元零一角一分四厘。

共收入洋五百六十九万七千八百五十九元三角三分。

支出：

一、支原料卅砠姚衣五万三千三百七十包，洋三百十二万一千九百四十二元六角四分六厘。

一、支原料陕衣四百四十一件，洋十万零三千六百三十五元。

一、支原料印衣一千六百五十七件，洋二十五万二千三百二十元。

一、支原料卅砠本衣四千三百三十九包，洋二十四万五千八百六十六元。

一、支原料卅砠本衣一万零零四十六包，洋二十九万七千二百九十元。

一、支原料卅砠梅本衣四百七十六包，洋三万零四百六十四元。

一、支原料卅砠梅衣一百九十六包，洋一万一千七百五十四元。

一、支原料卅砠种衣一千四百三十八包，洋四万九千六百四十元。

一、支原料通衣七十六包，洋四千四百九十六元。

一、支车房花纱十一万七千一百十九磅，洋四万五千零九十元。

一、支轧花房籽花二万六千七百二十八袋，洋六十九万零八百八十二元六角。

一、支炉子煤炭，洋九万九千三百二十一元二角五分。

一、支各房物料，洋九万七千七百四十五元三角一分六厘。

一、支成包物料，洋三万零九百九十二元一角五分四厘。

一、支司事俸给，洋二万零六百九十七元六角三分。

一、支各房男女工匠工，洋二十三万一千五百九十元零七角四分八厘。

一、支赏给，洋二千九百零二元五角零五厘。

一、支福食，洋二万一千零二十六元五角六分。

一、支杂项，洋五千五百三十五元五角四分三厘。

一、支提驳，洋一千六百八十三元二角九分八厘。

一、支酬费，洋六千四百二十五元一角六分七厘。

一、支善举，洋一千零零九元八角二分。

一、支修理，洋一万二千二百八十二元七角六分九厘。

一、支捐款，洋二千九百七十元。

一、支保险，洋一万七千零十三元二角四分六厘。

一、支庄息，洋五万二千五百三十四元八角二分七厘。

一、支棉纱出口税饷、水脚，洋六万二千九百九十一元一角五分七厘。

一、支蓬庄缴用，洋五千零五十元零四角二分。

一、支申庄缴用，洋一万零六百五十三元二角六分三厘。

一、支批发所缴用，洋一百九十五元。

一、支第二厂缴用，洋一千零四十四元三角九分。

一、支学校、医院缴用，洋三千一百零三元零二分。

一、支申贴水，洋七千六百四十八元零三分五厘。

一、支银总，洋一千七百三十八元二角六分五厘。

一、支本届折旧，洋二万元。

一、支本届第二厂股息，洋四万八千元。

共支出洋五百六十一万七千五百三十四元六角二分九厘。

除收支过，盈余洋八万零三百二十四元七角零一厘。

折成附录：

一、收本届盈余洋八万零三百二十四元七角零一厘。

一、支存本届公积二十分之一七，洋六千八百二十七元六角。

一、支存本届盈余，洋一千四百九十七元一角零一厘。

一、支销本届股息，洋七万二千元。

共支销洋八万零三百二十四元七角零一厘。

本公司股东姓名台衔附录

薇瑞堂	念股	戴理卿	念股	戴瑞卿	念股	戴文耀	念股
戴荫棠	念股	戴子华	念股	戴鹤年	念股	戴子范	念股
戴伍年	念股	第记	五股	承记	五股	象记	五股
新记	五股	贻记	五股	孙记	五股	子记	五股
源记	五股	流记	五股	等记	五股	宝记	五股
珍记	五股	鹏记	五股	飞记	五股	高记	五股
振记	五股	翩记	五股	骏记	五股	珠记	五股
玉记	五股	森记	五股	罗记	五股	列记	十股
云记	十股	礽记	四股	笑记	二股	语记	十股
频记	十股	功记	十股	怀记	十股	千记	十股
载记	三股	泽记	五股	及记	五股	四记	五股
方记	二股	民记	二股	实记	二股	学记	五股
农记	五股	桑记	五股	起记	五股	灵记	五股
机记	六股	纺记	五股	织记	五股	申记	四股
山记	五股	河记	五股	歌记	一股	共记	三股
寿记	五股	秉记	五股	国记	五股	荷记	五股
陶记	五股	钧记	五股	礼记	五股	乐记	五股
射记	五股	御记	五股	书记	五股	数记	五股
锦春	六股	全记	三股	李敬记	二百股	英记	十股

续　表

祥记	十股	邵云记	一股	曾三堂	六十股	盛恭记	念股
盛宽记	念股	盛信记	念股	盛敏记	念股	盛惠记	念股
彦记	十二股	秀记	四股	锺数房	十股	孟记	六十股
康记	十股	仁记	十股	钱福记	三十股	乾记	三股
隆记	三股	骏记	四股	骧记	四股	驄记	四股
长记	十股	朱庆记	四十股	钱崑祀	念股	施安记	十股
施益庆	十股	邵凝德	五股	王一亭	五股	杨定记	二股
财记	四股	明记	六股	王馨记	十股	徐顺林	十股
戴理记	七股	新顺绪号	七十股	盈记	念股	逞记	念股
富记	十五股	叙记	十股	癹记	五十股	谢仲记	念七股
慎馀	五股	铭记	二股	震记	一股	梧厓	念股
吴宁记	四十股	吴祥馀	念股	吴蓉卿	五股	胡文元	二股
陈伟公祀	六股	陈复记	四股	陈益林	六股	陈云记	四股
戴德静	一股	杨埧房	二股	安裕	五股	潘松荫轩	五股
柳敦睦	一股	柳敦睦	一股	王守梅轩	二股	蒋公泰	五股
虞善德	八股	沈位房	五股	运记	二股	徐德刚	五股
姜梅房	十股	周璇房	四股	周聚星堂	念股	李酉峰	六股
馀记	念股	何振记	念股	吴吉庆祀	念股	纪晋记	念股
徐成祀	二股	范安生	十五股	范济生	十股	范星正记	念股
成赍记	十股	沈济美堂	十股	严补拙居	十股	周酌雅轩	十股
郑萃堂	二股	郑耕馀轩	二股	王仁腹	一股	姚朝芳	十股

续 表

范后知	三十股	范景记	六股	范瑞香	五股	范芸香	五股
范文质	念股	袁生仁	十股	范振记	四股	范振尧	五股
范振荣	五股	范振源	五股	范振武	五股	裕记	五股
怀记	十股	和记	五股	楼勤号	四十五股	励礼房	五股
励乐房	五股	谢蔺牖	六十三股	谢永泰祀	五股	永记	五股
伦记	五股	赵芝室	念一股	荣记	四股	邹衡记	二股
俞怡记	二股	周森记	十五股	澹静庐	二股	阎记	二股
阐记	二股	励诗房	五股	庆记	二股	许兆昌	十股
公记	十股	商记	五股	应宝记	十股	应善记	十五股
张协记	念股	运记	六股	双桂轩	二股	延龄记	二股
恭盛记	二股	梅记	十股	庆记	十股	张雩记	念二股
慕贞记	一股	久记	一股	沈泗卿	四股	沈廷灿	二股
朱冬馀	二股	月记	十股	炳记	五股	屠汾记	十股
虞震甫	念五股	益丰	念股	馥记	二股	李霞记	十股
何尊生	二股	位记	五股	位记	念股	倪倲记	十股
伊潮源	一股	汪炳记	三十股	乐福记	五股	乐甬记	五股
乐惠记	五股	江安澜	五股	林兰亨	十股	钧记	二股
培德堂	五股	寄春轩	六十股	朱巽记	五股	朱莲记	十股
姜汾记	十股	仁记	二股	槐荫居	一股	香雪居	二股
刘恒丰	九股	林友记	念股	樊和记	五股	邵紫记	二股

续　表

邵卓记	二股	庄纪记	五股	涵养轩	念股	陈馥记	三股
陈文记	十股	裕福堂	十股	兴记	六股	恒记	二股
震记	五股	芎记	五十股	郁季记	七股	吴芝轩	念五股
郁藻记	念五股	吴礼记	十五股	施才记	三十股	施东记	十股
黄振荣	四十股	吴麟书	十股	东来记	十股	吴元记	十股
吴亨记	十股	吴利记	十股	朱葆记	六十股	吴贞记	十股
徐庆堂吴	十股	柳钰记	五股	和记	一股	何恭联记	念股
陈咏记	十股	陈康记	三股	陈鸿斌	五股	陈鸿斋	五股
孙康记	五股	陈贵记	一股	陈发记	一股	公记	十五股
朱荃记	五股	彩荷记	五股	胡兰记	四十股	困馀记	十股
范杏记	念二股	困兴记	十股	杨文记	念股	培德祀	念股
项茂记	三十股	孝友堂张	二股	惟善堂张	四股	李松记	六股
李文记	四股	堰记	五股	严宽房	二股	守拙子	二股
崇德堂	五股	史仍孙	念股	徐显华	十股	刘福房	念股
林双记	六股	戴博兴祀	十股	陈如记	五股	张德记	念股
徐子记	十股	陈永记	五股	顾鼎记	八股	顾纫记	二股
石奇富	念股	傅义记	十股	吴明德	十股	耕馀轩	五股
李喧徐记	六股	景德长生会	念五股	景德斋僧会	念五股	吴顺记	七股
周莲记	五股	蕃记	二股	水寿记	五股	毕渭富	一股
李运记	十股	李春记	十股	胡合记	四股	卢志记	五股
曹昭记	五股	柳振记	五股	进修堂袁	五股	张九发	三股

续 表

郑馥记	五股	馨花室新记	念股	馨花室鄞记	念股	馨花室定记	念股
馨花室子记	十股	馨花室勋记	十股	馨花室庄记	十股	馨花室凯记	十股
松记	二股	徐崇记	十股	王寅记	五股	王烈记	五股
屠德记	一股	屠瑞记	一股	董利房	一股	董贞房	一股
裕记	五股	昌祀	十股	庆馀会	十股	玉记	二股
同记	三股	姚伦记	十股	根记	十股	慈义勇	五股
俞贵元	二股	周茂兰	四股	安乐居	二股	玉记	二股
陈光记	五股	陈桢记	五股	锡祉堂	十股	林希桓	十股
金长记	一股	顾元祀	五十股	顾鸿记	念四股	寿春轩	一百股
孙祖记	五股	赵云记	三股	诒谋堂	念股	存春庐	念股
卧云居	十股	养性居	十五股	爱莲居	五股	福记	五股
李森记	十五股	何炳扬	二股	韩芸记	七十五股	周仲记	十三股
同源生	二股	李馀记	五股	赵珊记	一股	裕记	三股
王长记	十五股	韩秀记	五股	张积善堂益记	十股	王道昌	三股
严康楸	念五股	沈中房	十股	福记	十股	禄记	十股
寿记	十股	严佳斌	十股	义记	四股	珍记	念七股
锡梨堂张全记	一股	王荫亭	三十股	许其房	一股	曹恭房	十股
银记	念股	徐棣苏	念四股	宝记	念股	樊和甫	十股
瞿富记	十股	大豫	一股	陈海记	十股	吴恭盛	三股

续　表

吴麟记	二百五十股	徐修甫	一股	陈子秀	一股	道助堂	七十股
桢记	二股	朱声记	十股	周让卿	念五股	李飞记	三十股
嚼雪庐	十股	陈蓉馆	念股	碧梧轩	十六股	馀庆堂	十股
白强	念股	泰号	四十股	慎记	三十股	馀记	四股
能记	三股	古泉	念股	湘记	十股	宙记	十股
洪记	十股	荒记	十股	日记	十股	月记	十股
周巽斋	念股	叶寿臣	念股	养性轩陈	念股	涵养轩菊记	十股
张凤记	四股	吴继宏	念九股	袁联记	二股	袁世记	三股
董荷记	五股	陈来孙	二股	赵君记	三股	陈仁勇	三股
晚成	念股	冯德记	一股	杨霖记	一股	吴瑞元	六十股
庐家穗	五股	益寿	五股	妙记	十股	峰记	十股
朱子记	五股	舟记	五股	崇义祀	五股	积庆堂	四股
吴凤如	九股	坤记	八股	凤记	九股	徐韵笙	八股
苏经记	十八股	性记	十股	钱康年	十股	钱康福	十股
童馀记	一股	童廉让堂	十四股	童浩记	十四股	童峙记	十四股
何联记	念五股	何升记	三股	何增记	二股	盈记	十股
昃记	十股	馥记	五股	朱子谦	六股	李觐丹	念五股
钱敬镛	十五股	成丰	五股	虞钧记	念五股	荡云室	六股
同福	五股	同寿	五股	同康	五股	同宁	五股
嵩山	八股	容德堂	十二股	鲍性记	二股	翁济初	念股

续　表

是亦轩翁	五股	虞洽卿	十五股	困振记	五股	胡逸云	十股
施才皋	念股	慎记	九股	梅宕居	二股	马锦记	二股
增记	一股	承志轩	二股	裕记	五股	李庆坻	五股
李庆均	五股	钱恭记	念股	吴绍周祀	十股	戴德康房	念股
戴德乐房	念股	戴德和房	念股	戴德亲房	念股	王文华	六十八股
屠雪记	十股	凌伯记	念股	徐乐卿	五股	明华银行	四十二股
董湄记	十股	张孝房	八股	张悌房	九股	俞佐宸	二股
彭城恭记	念股	银记	五股	宝记	五股	湧记	十股
天水记	念三股	养性居姚	三股				
共计五千九百九十五股							
未换旧股单							
式记	五股						
两共合计六千股							

按:"林兰亨"应为"林兰亭"。

"白强"应为"自强"。

"庐家穗"应为"卢家穗"。

五
宁波和丰纺织股份有限公司第二十届帐略 丙寅

宁波和豊紡織股份有限公司第二十届帳略 丙寅

按：该帐略纵26.1厘米，横15.2厘米，不分卷，线装，版心上题"和丰纺织有限公司帐略"，民国十六年（1927年）铅印本，由上海中华书局代印。宁波市档案馆亦有收藏（破损），档号314-1-10。

宁波和丰纺织股份有限公司
第二十届办理情形帐略

此本公司第二十届帐略也。综计全年收支,除提存、折旧及股息外,实亏蚀洋七万一千九百三十三元六角一分六厘。寿祺于五月间接事,时纱花价格符合,工作亦渐见起色,按月计算,稍获微利,八月底汇结,八阅月帐略已免亏耗。讵意秋冬来,战事纷更,商务停滞,虽人民迁徙,相望于道,幸本厂内外同人不离职守,支持年终,致耗此数。寿祺菲材,膺此重任,复值时艰,益难报称。兹将本届收支帐略详列上告,伏乞公鉴。

经理费寿祺谨识

中华民国十六年三月　日宁波和丰纺织股份有限公司谨启

按:据宁波市档案馆编《宁波和丰纺织公司议事录》第105页记载,丙寅年(民国十五年[1926年])即第二十届帐略经监察人查核明确,于民国十六年二月二十七日(丁卯年正月二十六日)在春季董事常会上照准付刊,并称"经诸董事议决,本届帐略因时事多艰,应略为变通,将存庄银拾五万壹千五百两、洋念六万柒千元,在存户名下收付两抵。其簿上及底册概不更动,以昭实在,并将股东名册及建筑图样删去。此项变通办法,经董事会再三斟酌,全体通过"。因此,天一阁所藏该公司帐略自二十届起不再刊登股东名录和建筑图纸,即是印证。民国十七年四月八日(戊辰年闰二月十八日)下午二时,该公司召开第二十一届并行第二十届股东常会。会上,由监察人孙康宏报告丙寅年帐略,"众无异议",其他议决内容详见《宁波和丰纺织公司议事录》第108—110页。

公司收支总帐

收入：

一、该股本，洋九十万元。

一、该湾头第二厂股本，洋六十万元。

一、该各存户，元五万四千七百六十二两八钱七分。

一、该各存户，洋三十五万二千四百二十一元五角三分九厘。

一、该历年公积，洋三万九千八百二十六元五角四分二厘。

一、该历年盈余，洋一万零五百五十八元七角九分一厘。

一、该历年折旧，洋十万元。

一、该未支股息，洋一万八千六百八十四元。

一、该未支红利，洋一万九千八百元。

一、该未支第二厂半数股本，洋一万八千二百元。

一、该未支第二厂半数股本利息，洋三百六十四元。

一、该敦谊会基本金，洋一万元。

一、该恤工会基本金，洋一万元。

一、该敦谊会甲级会员准备金，洋九千九百元。

一、该敦谊会乙级会员准备金，洋九千零五十元。

一、该敦谊会，洋一万零零八十八元四角五分二厘。

一、该恤工会，洋三千八百九十七元九角三分九厘。

一、该和安会，洋四万三千八百八十一元二角一分三厘。

一、该王永记杂花定，洋八千元。

一、该宁庄往来，洋一万三千元。

一、该申庄，洋一百元。

一、该茂昌,洋一百四十五元。
一、该费善记,洋一百二十六元七角二分三厘。
一、该永耀电力股仗,洋一万四千五百元。
一、该探租,洋一千九百九十六元四角。
一、该未发工资,洋十八元四角。
一、该本届折旧,洋二万元。
一、该本届股息,洋七万二千元。
一、该本届第二厂股息,洋四万八千元。
一、该银总,元三万二千零十两零一钱三分八厘。

共收入元八万六千七百七十三两零零八厘,共收入洋二百三十三万四千五百五十八元九角九分九厘。

支出:
一、存产业,洋六十万零七千三百三十元零九角三分四厘。
一、存机器,洋三十六万八千八百零二元七角九分一厘。
一、存电灯机,洋二万四千元。
一、存生财,洋一万元。
一、存申庄生财,洋一千九百八十元。
一、存周庄生财,洋三百元。
一、存恒安会,洋五千元。
一、存义冢,洋四百六十元。
一、存粮食生财,洋二百元。
一、存新建筑上海三马路新屋,元四千两。
一、存宁庄资本,洋二万元。
一、存电力公司股本,洋三万六千二百五十元。

一、存浙路借券,洋三十八元。

一、存内国公债,洋二十一元七角五分。

一、存湾头厂基,洋十一万二千一百五十四元二角五分五厘。

一、存浙省公债,洋三千零五十四元八角零九厘。

一、存宁波棉业交易所股四百八十股,洋六千元。

一、存整理公债,洋二千五百元。

一、存宁波印刷公司,洋五百元。

一、存暂记商会借垫省款,洋一万元。

一、存暂记商会派垫军饷,洋六千元。

一、存暂记鄞县沙灶地垦放分局,洋一千元。

一、存暂记,洋五千七百八十一元一角二分一厘。

一、存标花追金,元三千两。

一、存申庄,元五万七千一百九十八两零零八厘。

一、存蓬庄,洋四万一千四百八十二元六角二分六厘。

一、存裕昌押款丁卯五月二十日到期,元四千两。

一、存申庄栈左手十支纱八十件,一百十五两算,元九千二百两。

一、存申庄栈右手十支纱七十五件,一百二十五两算,元九千三百七十五两。

一、存栈姚衣(一百二十砠)八千五百八十六包半,四十七元算,洋四十万零三千五百六十五元五角。

一、存栈本衣(一百零五砠)五百十三包,四十一元算,洋二万一千零三十三元。

一、存栈高二白十五对,洋四百五十元。

一、存栈次二白十八对半,洋三百七十元。

一、存栈籽花五千三百八十四袋,二十二元算,洋十一万八千四百四十八元。

一、存栈十支纱六万五千三百二十四只,四元四角算,洋二十八万七千四百二十五元六角。

一、存栈十二支纱二千三百三十五只,四元六角算,洋一万零七百四十一元。

一、存栈煤炭四千三百八十一吨六二五,十四元算,洋六万一千三百四十二元七角五分。

一、存栈麻袋一万七千九百八十九只,洋八千元。

一、存栈物料,洋八万六千五百二十三元五角四分九厘。

一、存车房花纱七万九千五百七十六磅,洋二万三千六百六十六元。

一、存样纱,洋四十九元七角三分一厘。

一、存现存,洋五千二百七十三元三角九分。

一、存银总,洋四万四千八百十四元一角九分三厘。

共支出元八万六千七百七十三两零零八厘,共支出洋二百三十三万四千五百五十八元九角九分九厘。

     监察人胡兰荪、陈圣佐、孙礼春　签字

按:"洋三千八百九十七元九角三分九董"应为"洋三千八百九十七元九角三分九厘"。

公司收付之数

收入:

一、售出十支纱九十三万七千一百八十九只,洋四百零六万七千二百廿元零九角二分六厘。

一、售出十二支纱五万九千零四十只,洋二十九万九千三百九十三元七角四分六厘。

一、售出杂花回丝,洋八万三千八百十元零一角八分八厘。

一、售出花包索子,洋六千四百六十四元零二分六厘。

一、售出花核,洋四万一千七百五十六元八角九分。

一、售出二白花八十三包,洋二千零十三元八角。

一、收轧花房八十磅本衣一万四千二百十五包,洋三十七万一千三百二十元。

一、收轧花房七十磅本衣三千零八十二包,洋六万七千九百十六元。

一、收轧花房八十磅梅本衣四百七十七包,洋一万二千四百零二元。

一、收轧花房二白花八十三包,洋二千零十三元八角。

一、收车房花纱七万九千五百七十六磅,洋二万三千六百六十六元。

一、收房、坑租、便田价,洋一万二千五百九十七元五角一分。

一、收栈力,洋七百九十一元。

一、收源来,洋十二元五角六分七厘。

一、收罚款,洋四百九十五元九角四分五厘。

一、收花仗,洋九千三百五十二元九角六分一厘。

一、收仗记宁庄盈余,洋八千元。

一、收仗记物料,洋二千六百十五元七角三分。

一、收仗记煤栈,洋八千八百三十九元八角七分。

一、收仗记,洋一千八百零九元六角七分五厘。

共收入洋五百零二万二千四百九十二元六角三分四厘。

支出:

一、支原料卅砠姚衣五万一千九百八十七包,洋二百五十五万八千三百七十二元八角七分七厘。

一、支原料卅砠本衣七千一百零七包半,洋三十七万零六百四十元。

一、支原料㭱砠本衣一千三百五十三包,洋五万九千七百元。

一、支原料㭱砠姚衣五十包,洋三千一百五十元。

一、支原料丩砠种衣五千零九包,洋十二万五千四百七十一元。

一、支原料印衣三千八百零九包,洋四十七万六千零四十七元。

一、支原料陕衣二百四十六包,洋三万九千三百三十九元。

一、支原料通衣二百零八包,洋一万一千九百零七元八角五分二厘。

一、支原料吴淞衣四百四十包,洋一万三千六百二十元。

一、支原料梅本衣四百七十七包,洋一万二千四百零二元。

一、支原料梅对衣三百六十五包,洋一万九千八百九十四元。

一、支车房花纱十一万三千一百六十二磅半,洋三万七千二百八十元。

一、支轧花房籽花二万二千一百七十八袋半,洋四十七万三千九百二十三元。

一、支炉子煤炭,洋十万零二千一百六十四元。

一、支各房物料,洋九万七千三百二十三元八角二分三厘。

一、支成包物料,洋三万四千三百九十九元七角零七厘。

一、支司事俸给,洋二万六千六百三十六元二角七分。

一、支各房男女工匠工,洋二十七万零二百五十五元二角八分八厘。

一、支赏给,洋一千九百九十四元五角。

一、支福食,洋二万四千四百零二元九角一分八厘。

一、支杂项,洋一万二千一百三十八元八角九分四厘。

一、支提驳,洋一千九百元零零四角六分。

一、支酬费,洋八千一百十四元二角零七厘。

一、支善举,洋一千五百八十元零一角零四厘。

一、支修理,洋一万五千一百三十七元三角二分四厘。

一、支捐款,洋四千八百十二元八角。

一、支保险,洋一万二千六百七十九元零五分八厘。

一、支庄息,洋三万五千五百六十八元二角四分一厘。

一、支棉纱出口税饷、水脚,洋七万七千二百五十四元八角九分二厘。

一、支蓬庄缴用,洋二千九百六十九元二角零一厘。

一、支申庄缴用,洋一万零零七十七元四角四分。

一、支批发所缴用,洋一百八十元。

一、支第二厂缴用,洋五百十元零六角。

一、支医院、学校缴用,洋二千五百五十八元零一分。

一、支申贴水,洋一万零零二十一元七角八分四厘。

一、支本届股息,洋七万二千元。

一、支本届第二厂股息,洋四万八千元。

一、收木届折旧,洋二万元。

共支出洋五百零九万四千四百二十六元二角五分。

除收支过,揭亏洋七万一千九百三十三元六角一分六厘。

一、收公积,洋七万一千九百三十三元六角一分六厘。

一、支销本届亏,洋七万一千九百三十三元六角一分六厘。

按:"木届折旧"应为"本届折旧"。

六

宁波和丰纺织股份有限公司第二十一届帐略丁卯

寧波和豐紡織股份有限公司第二十一屆帳略 丁卯

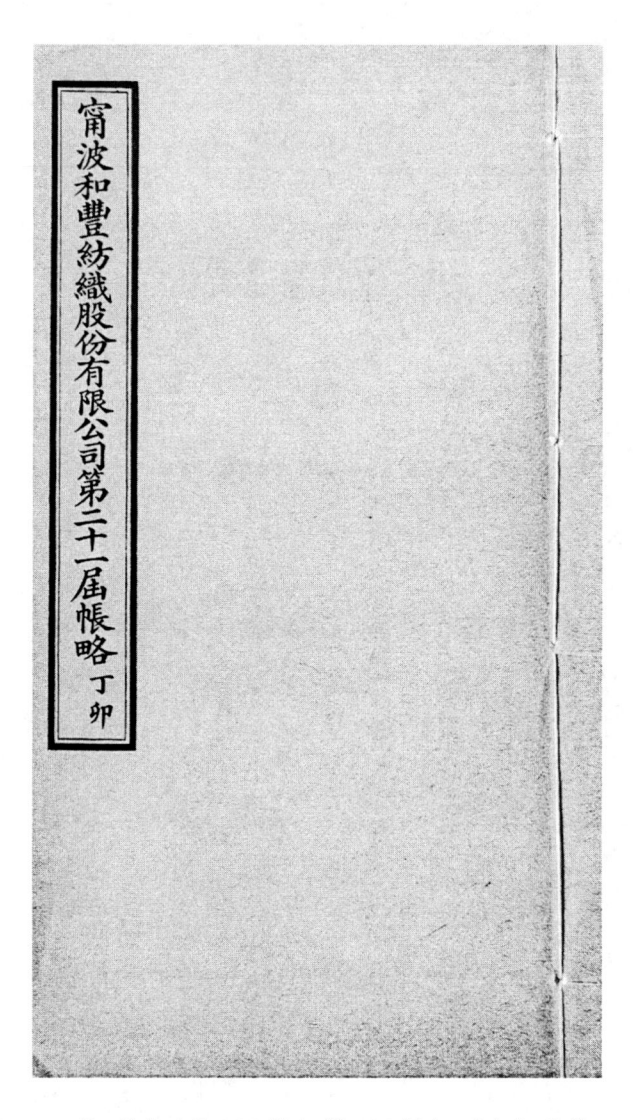

　　按：该帐略纵25.5厘米,横14.8厘米,不分卷,线装,版心上题"和丰纺织有限公司帐略",民国十七年(1928年)铅印本,由上海中华书局代印。宁波市档案馆亦有收藏(破损),档号314-1-10。

宁波和丰纺织股份有限公司
第二十一届办理情形帐略

　　本公司第二十届帐略及办理情形，业由费前经理报告在案。本届系旧历丁卯年度为第二十一届，当春季时，工潮澎涨，种种要挟，事事牵制，经理人不能行使职权，曾在甬上各报发表宣言。迨五月间，经费前经理竭力设法，始得停车，将现存纱花统行约计减折，各项损失统行开除净尽须亏三十余万之谱。后幸存花、存纱均有余润，开除损失，稍有回还，确数在二十有八万之谱。费前经理决意辞职，挽留无效，由董事会议决归监察人接收保管。嗣因工人生计日艰，要求开车，虽叠次鼓噪，情非得已。惟尔时花纱倒置，工潮犹未尽息，董事会为工人生活计、为地方实业计，勉嘱圣佐筹备开车。至九月朔进厂任事，工人幸已谅解，同仁均竭努力，纱之出数得逾寻常。花价虽步步平和，而纱价亦渐渐低落，年终揭帐，统年仍亏洋二十七万九千三百三十二元一角六分五厘。圣佐菲材，膺此重任，际此时艰，致不克收美满效果，无任惶悚。兹将本届收支帐略详列上告，伏乞公鉴。

经理陈圣佐谨识

　　中华民国十七年　月　日宁波和丰纺织股份有限公司谨启
　　按：该公司于民国十七年（1928年）四月八日（戊辰年闰二月十八日）下午二时召开第二十一届并行第二十届股东常会。会上，由监察人孙康宏报告丁卯年（民国十六年）即第二十一届帐略，"众无异议"，其他议决内容详见宁波市档案馆编《宁波和丰纺织公司议事录》第108—110页。

公司收支总帐

收入：

一、该股本，洋九十万元。

一、该第二厂股本，洋六十万元。

一、该各存户，元二十三万三千五百二十四两五钱零六厘。

一、该各存户，洋七十四万九千五百六十五元二角八分六厘。

一、该历年公积，洋三万九千八百二十六元五角四分二厘。

一、该历年盈余，洋一万零五百五十八元七角九分一厘。

一、该历年折旧，洋十二万元。

一、该未支股息，洋二万一千五百零八元。

一、该未支红利，洋一万八千九百四十五元。

一、该未支第二厂半数股本，洋一万二千五百元。

一、该未支第二厂半数股本利息，洋二百五十元。

一、该敦谊会基本金，洋一万元。

一、该恤工会基本金，洋一万元。

一、该敦谊会甲级会员准备金，洋九千八百元。

一、该敦谊会乙级会员准备金，洋九千六百五十元。

一、该敦谊会，洋六千二百四十八元九角七分六厘。

一、该恤工会，洋二千二百五十一元七角一分二厘。

一、该和安会，洋五万一千五百一十六元七角一分。

一、该周永记杂花定洋，洋一万元。

一、该茂昌，洋四百六十元。

一、该永耀电力股仗，洋一万四千五百元。

一、该探租,洋二千二百十一元四角。

一、该敦裕庄戊辰二月十六日期,洋一万五千二百四十元。

一、该瑞馀庄戊辰二月十六日期,洋二万零三百二十元。

一、该鼎丰庄戊辰二月十六日期,洋一万零一百六十元。

一、该瑞康庄戊辰二月十六日期,洋一万零一百六十元。

一、该元益庄戊辰二月十六日期,洋二万零三百二十元。

一、该成丰庄戊辰二月十六日期,洋三千零四十八元。

一、该资大庄戊辰二月十六日期,洋五千零八十元。

一、该益康庄戊辰二月十六日期,洋五千零八十元。

一、该裕源庄戊辰二月十六日期,洋一万零一百六十元。

一、该泰源庄戊辰二月十六日期,洋一万五千二百四十元。

一、该復恒庄戊辰二月十六日期,洋二万零三百二十元。

一、该慎丰庄戊辰二月十六日期,洋五千零八十元。

一、该同慎庄戊辰二月十六日期,洋一万三千二百零八元。

一、该同慎庄往来,洋七百十七元二角五分四厘。

一、该永源庄戊辰二月十六日期,洋五千零八十元。

一、该衍源庄戊辰二月十六日期,洋一万零一百六十元。

一、该彝泰庄戊辰二月十六日期,洋五千零八十元。

一、该丰源庄戊辰二月十六日期,洋五千零八十元。

一、该馀丰庄戊辰二月十六日期,洋五千零八十元。

一、该景源庄戊辰二月十六日期,洋一万五千二百四十元。

一、该泰涵庄戊辰二月十六日期,洋五千零八十元。

一、该元大庄戊辰二月十六日期,洋二万零三百二十元。

一、该元大庄戊辰二月三十日期,洋一万一千八百七十一元九角六分。

一、该信源庄戊辰二月十六日期,洋二万零三百二十元。

一、该泰生庄戊辰二月十六日期,洋一万零一百六十元。

一、该元亨庄戊辰二月十六日期,洋一万零一百六十元。

一、该汇源庄戊辰二月十六日期,洋一万零一百六十元。

一、该长源庄戊辰二月十六日期,洋五千零八十元。

一、该天益庄戊辰二月十六日期,洋一万五千二百四十元。

一、该彝生庄戊辰二月十六日期,洋五千零八十元。

一、该赓裕庄戊辰二月十六日期,洋三千零四十八元。

一、该慎祥庄戊辰二月十六日期,洋五千零八十元。

一、该保春庄戊辰二月十六日期,洋五千零八十元。

一、该慎馀庄戊辰二月十六日期,洋二万零三百二十元。

一、该瑞源庄戊辰二月十六日期,洋五千零八十元。

一、该安泰庄戊辰二月十六日期,洋一万零一百六十元。

一、该源源庄戊辰二月十六日期,洋五千零八十元。

一、该恒春庄戊辰二月十六日期,洋三千零四十八元。

一、该宝源庄戊辰二月十六日期,洋二万零三百二十元。

一、该恒祥庄戊辰二月十六日期,洋二千零三十二元。

一、该源吉庄戊辰二月十六日期,洋一万零一百六十元。

一、该镇泰庄戊辰二月十六日期,洋二千零三十二元。

一、该同泰庄戊辰二月十六日期,洋五千零八十元。

一、该通泰庄戊辰二月十六日期,洋二千零三十二元。

一、该慎益庄戊辰二月十六日期,洋三千零四十八元。

一、该瑞丰庄戊辰二月十六日期,洋五千零八十元。

一、该元成庄戊辰二月十六日期,洋三千零四十八元。

一、该褚炳记,洋五十元。

一、该未发工资,洋十四元一角零五厘。

一、该本届折旧,洋二万元。

一、该本届第二厂股息,洋四万八千元。

一、该银总,洋二十一万七千四百七十一元六角五分三厘。

共收入元二十三万三千五百二十四两五钱零六厘,共收入洋三百三十万零八千三百八十一元三角八分九厘。

支出:

一、存产业,洋六十三万一千一百三十二元九角三分四厘。

一、存机器,洋三十六万八千八百零二元七角九分一厘。

一、存电灯机,洋二万四千元。

一、存生财,洋一万元。

一、存申庄生财,洋一千九百八十元。

一、存周庄生财,洋三百元。

一、存恒安会,洋五千元。

一、存义冢,洋四百六十元。

一、存粮食生财,洋二百元。

一、存宁庄资本,洋二万元。

一、存电力公司股本,洋三万六千二百五十元。

一、存浙路借券,洋三十八元。

一、存内国公债,洋二十一元七角五分。

一、存浙省公债,洋一千九百十七元三角七分二厘。

一、存整理公债,洋一千八百七十五元。

一、存二五库券,洋二千九百十八元三角一分。

一、存湾头厂基,洋十一万二千一百四十五元二角五分五厘。

一、存宁波棉业交易所股四百八十股,洋三千元。

一、存宁波印刷公司,洋一千元。

一、存暂记商会借垫省款,洋一万元。

一、存暂记商会派垫军饷,洋一万五千五百四十元。

一、存暂记商会建筑费,洋一千元。

一、存暂记,洋二千五百二十二元五角六分八厘。

一、存申庄,元一万一千四百三十二两二钱零七厘。

一、存蓬庄,洋九千三百零五元四角一分四厘。

一、存宁庄往来,洋四万元。

一、存余云岫押款戊辰九月初九日期,元二万两。

一、存裕昌押款戊辰五月二十日期,元四千两。

一、存馀记押款戊辰二月十五日期,元二万两。

一、存戊辰开息,洋六千八百九十元零九角六分。

一、存申庄栈左手十支纱九十五件,一百三十两算,元一万二千三百五十两。

一、存申庄栈右手十支纱八十三件,一百三十六两算,元一万一千二百八十八两。

一、存栈姚衣(一百二十砠)一万一千五百包,五十元算,洋五十七万五千元。

一、存栈本衣(一百零五砠)一千三百十包,四十五元算,洋五万八千九百五十元。

一、存栈高二白三对半,洋一百零五元。

一、存栈次二白九对,洋一百八十元。

一、存栈籽花一万四千六百八十一袋,二十三元算,洋三十三万七千六百六十三元。

一、存栈十支纱十一万零四百零四只,四元六角算,洋五十万零七千八百五十八元四角。

一、存栈十二支纱四千零十六只,四元八角算,洋一万九千二百七十六元八角。

一、存栈煤炭四千零十八吨一,十七元算,洋六万八千三百零七元七角。

一、存栈麻袋二万零九百八十九只,洋一万零八百三十元。

一、存栈物料,洋十万零一千零五十一元零一分九厘。

一、存车房花纱十一万一千五百二十磅,洋三万四千八百九十九元八角。

一、存样纱,洋三十三元七角三分一厘。

一、存现存,洋八千五百九十三元四角二分。

一、存银总,元十五万四千四百五十四两二钱九分九厘。

一、存本届亏,洋二十七万九千三百三十二元一角六分五厘。

共支出元二十三万三千五百二十四两五钱零六厘,共支出洋三百三十万零八千三百八十一元三角八分九厘。

监察人胡兰荪、孙礼春　签字

公司收付之数

收入：

一、售出十支纱六十五万二千三百七十七只,洋三百万零零七千八百七十九元九角七分四厘。

一、售出十二支纱三万一千一百六十三十五只,洋十五万三千六百七十四元九角二分七厘。

一、售出杂花回丝，洋四万三千五百四十九元九角四分四厘。

一、售出花包索子，洋八千零五十元零六角一分七厘。

一、售出花核，洋四万九千七百九十四元四角六分四厘。

一、售出二白花六十八包半，洋一千五百八十三元。

一、收轧花房一百六十磅本较衣七千一百九十包，洋三十七万六千一百四十元。

一、收轧花房一百四十磅本较衣二千零三十八包，洋九万四千九百六十元。

一、收轧花房八十磅本较衣六百六十七包，洋一万八千六百十元。

一、收轧花房二白花六十八包半，洋一千五百八十三元。

一、收车房花纱十一万一千五百二十磅，洋三万四千八百九十九元八角。

一、收房、坑租、便田价，洋九千一百四十二元七角七分五厘。

一、收栈力，洋四百五十四元四角三分五厘。

一、收罚款，洋一百三十元零七角七分。

一、收花仗，洋七千七百四十九元七角五分。

一、收仗记宁庄盈余，洋四千五百元。

一、收仗记物料，洋一千二百十五元九角六分八厘。

一、收仗记，洋三千三百六十四元九角八分七厘。

共收入洋三百八十一万七千二百八十四元四角一分一厘。

支出：

一、支原料⫽砠姚衣四万一千五百三十三包半，洋二百十二万零八百三十四元三角四分一厘。

一、支原料⫽砠本较衣七千一百九十包，洋三十七万七千一百八十元。

一、支原料𡉴砠本较衣一千二百四十一包，洋五万二千七百六十八元。

一、支原料𡉴砠本较衣六百六十七包，洋一万八千六百十元。

一、支原料陕衣一百三十包，洋二万零九百三十元。

一、支原料𡉴砠种衣一千二百四十八包，洋三万七千二百十九元七角。

一、支原料咸场衣五十八包，洋九百十六元六角。

一、支原料梅山衣五十四包，洋三千二百四十元。

一、支原料通衣五百八十七包，洋三万二千三百六十二元五角。

一、支原料太仓衣二百七十包，洋八千八百六十元。

一、支轧花房籽花二万七千三百九十七袋半，洋五十八万零五百五十二元。

一、支车房花纱七万九千五百七十六磅，洋二万三千六百六十六元。

一、支炉子煤炭，洋七万三千七百六十四元二角五分。

一、支各房物料，洋七万零八百零八元零六分六厘。

一、支成包物料，洋二万五千九百九十九元六角二分五厘。

一、支司事俸给，洋三万零八百三十六元九角五分六厘。

一、支各房男女工匠工，洋二十八万七千四百四十九元一角零二厘。

一、支赏给，洋四千三百九十四元五角七分。

一、支福食，洋二万五千八百二十八元六角二分。

一、支杂项，洋九千九百五十四元六角八分八厘。

一、支提驳，洋一千四百七十三元四角二分。

一、支酬费，洋六千八百四十一元五角五分六厘。

一、支善举,洋一千五百九十元零八角八分。

一、支修理,洋一万四千六百七十四元九角九分八厘。

一、支捐款,洋四千五百二十八元。

一、支保险,洋一万四千九百零八元九角七分五厘。

一、支庄息,洋九万五千四百六十一元九角二分。

一、支棉纱出口税饷、水脚,洋五万六千七百二十四元四角九分二厘。

一、支蓬庄缴用,洋二千三百零二元六角六分七厘。

一、支申庄缴用,洋一万零零三十九元一角一分七厘。

一、支批发所缴用,洋一百八十元。

一、支第二厂缴用,洋六百零七元九角二分。

一、支医院、学校缴用,洋二千二百三十六元七角四分八厘。

一、支申贴水,洋一万零八百七十元八角六分五厘。

一、支本届折旧,洋二万元。

一、支本届第二厂股息,洋四万八千元。

共支出洋四百零九万六千六百十六元五角七分六厘。

除收支过,揭亏洋念七万九千三百三十二元一角六分五厘。

七

宁波和丰纺织股份有限公司第二十二届帐略 戊辰

寧波和豐紡織股份有限公司第二十二屆帳略 戊辰

按：该帐略纵 26.3 厘米，横 15.3 厘米，不分卷，线装，版心上题"和丰纺织有限公司帐略"，民国十八年（1929年）铅印本，由上海中华书局代印。宁波市档案馆亦有收藏（破损），档号 314－1－10。另，编著者还于 2022 年 10 月 21 日在设于和丰纱厂厂房旧址内的宁波工业设计博物馆看到展柜内陈列有此书原件。

宁波和丰纺织股份有限公司
第二十二届办理情形帐略

　　本公司第二十一届帐略及办理情形,去年业经报告在案。本届旧历戊辰年度为第二十二届结帐。兹将经过情形详晰报告,查本年春季纱价平平,入夏虽渐次上升,而销路呆滞。幸出纱改良,复在甬设立批发所,浙东、西一带力事推广,销数激增,而花价提涨较速。幸存栈各花、籽花尤足,轧出之花丝软色白,即当霉汛,出数亦得照常。此上半年结帐得稍堪获利之情形也。迨秋初,预计进花抛纱,除足敷工缴外,有薄利可图。鉴于去秋纱花倒置,颇具戒心。适上海纱布交易所规定十支粗纱开始交割,于是在甬预先进花,在沪预先抛纱。不料,至七月终,风雨交作,致姚地所产棉花丝力非常脆弱,工程上损失不赀,不得不购陕、印等花以掺和。自日本"济案"发生后,热烈抵制时纱价虽渐腾贵,而本纱业经预抛二月,致不能获得厚利,所以年终结帐,除开缴及第二厂股息并照章折旧外,只能揭丈盈余洋七万八千八百九十一元一角零二厘。此下半年办理未能美满之实在情形也。圣佐自惭菲才,膺此重任,致难报称,无任惶悚。兹将本届收支帐略详列上告,伏希公鉴。

经理陈圣佐谨识

　　中华民国十八年　月　日宁波和丰纺织股份有限公司谨启
　　按:该公司于民国十八年(1929年)四月十四日(己巳年三月初五日)下午召开第二十二届股东常会。会上,由监察人孙康宏逐项报告戊辰年(民国十七年)即第二十二届帐略,"众无异议",其他议决内容详见宁波市档案馆编《宁波和丰纺织公司议事录》第112—113页。

公司收支总帐

收入：

一、该股本,洋九十万元。

一、该第二厂股本,洋六十万元。

一、该各存户,元九万五千二百零九两四钱一分。

一、该各存户,洋一百四十二万二千八百八十元零二角九分七厘。

一、该历年公积,洋三万九千八百二十六元五角四分二厘。

一、该历年盈余,洋一万零五百五十八元七角九分一厘。

一、该历年折旧,洋十四万元。

一、该未支股息,洋二万零七百十二元。

一、该未支红利,洋一万八千九百四十五元。

一、该未支第二厂半数股本,洋一万二千五百元。

一、该未支第二厂半数股本利息,洋二百五十元。

一、该敦谊会基本金,洋一万元。

一、该恤工会基本金,洋一万元。

一、该敦谊会甲级会员准备金,洋九千八百元。

一、该敦谊会乙级会员准备金,洋一万零二百元。

一、该敦谊会,洋五千九百五十五元一角七分三厘。

一、该恤工会,洋二千一百九十六元一角一分二厘。

一、该和安会,洋五万五千六百四十一元七角一分。

一、该王永记杂花定洋,洋八千元。

一、该褚炳记,洋二百元。

一、该各钱庄,元二十九万一千九百七十八两三钱三分四厘。

一、该各钱庄,洋七千零九十六元一角六分。

一、该探租,洋二千二百五十二元四角。

一、该未发工资,洋十四元一角零五厘。

一、该本届折旧,洋二万元。

一、该本届第二厂股息,洋四万八千元。

一、该本届盈余,洋七万八千八百九十一元一角零二厘。

一、该银总,洋四十一万四千四百三十元零八角一分一厘。

共收入元三十八万七千一百八十七两七钱四分四厘,共收入洋三百八十四万八千三百五十元零二角零三厘。

支出:

一、存产业,洋六十三万九千六百五十六元五角四分二厘。

一、存机器,洋三十七万四千七百七十三元二角四分一厘。

一、存电灯机,洋二万四千元。

一、存生财,洋一万元。

一、存申庄生财,洋一千九百八十元。

一、存周庄生财,洋三百元。

一、存恒安会,洋五千元。

一、存义冢,洋四百六十元。

一、存粮食生财,洋二百元。

一、存宁庄资本,洋二万元。

一、存电力公司股本,洋四万七千一百二十五元。

一、存浙路借券,洋三十八元。

一、存内国公债,洋二十一元七角五分。

一、存浙省公债,洋一万二千六百四十九元六角一分九厘。

一、存整理公债，洋一千二百五十五元。

一、存二五库券，洋三千九百零六元三角一分。

一、存卷烟库券，洋一千二百五十二元七角五分。

一、存湾头厂基，洋十一万零七百六十五元二角五分五厘。

一、存宁波棉业交易所股四百八十股，洋三千元。

一、存宁波印刷公司，洋一千元。

一、存余云岫押款己巳九月初九日期，元一万五千两。

一、存裕昌押款己巳五月二十日期，元四千两。

一、存申庄，元二万三千四百十九两五钱零四厘。

一、存蓬庄，洋二万五千一百元零零八角九分八厘。

一、存宁庄往来，洋二万元

一、存暂平车，洋一万八千三百三十六元一角五分八厘。

一、存暂记商会派垫军饷，洋六千一百五十一元四角五分五厘。

一、存暂记商会建筑费，洋一千元。

一、存暂记，洋三千零三十四元七角七分八厘。

一、存批发所，洋五百八十七元一角零四厘。

一、存栈姚衣(一百二十砠)二万六千零零八包，五十二元算，洋一百三十五万二千四百十六元。

一、存栈种衣(六十砠)二百八十五袋，二十八元算，洋七千九百八十元。

一、存栈本衣(一百零五砠)五百十四包，四十八元算，洋二万四千六百七十二元。

一、存栈印衣六百六十二件，一百三十五元算，洋八万九千三百七十元。

一、存栈陕衣一百九十五件，一百八十元算，洋三万五千一百元。

一、存栈籽花二千一百五十三袋，二十四元算，洋五万一千六百七十二元。

一、存栈十支纱六万七千零六十只，五元二角算，洋三十四万八千七百十二元。

一、存栈十二支纱九千五百二十四只，五元六角算，洋五万三千三百三十四元四角。

一、存栈物料，洋十一万四千四百三十六元零四分六厘。

一、存栈煤炭三千八百九十七吨三六九，十八元算，洋七万零一百五十二元六角四分二厘。

一、存申庄栈十支纱三百六十一件，一百四十二两算，元五万一千二百六十二两。

一、存蓬庄栈籽花四百八十八袋，洋一万零七百三十元零九角四分五厘。

一、存栈麻袋二万一千四百八十九只，洋一万一千元。

一、存车房花纱九万零零二十一磅，洋三万六千零二十元。

一、存样纱，洋八十元零二角三分一厘。

一、存己巳开息，洋二万零一百四十九元二角三分四厘。

一、存丁卯年亏，洋二十七万九千三百三十二元一角六分五厘。

一、存现存，洋一万一千五百九十八元六角八分。

一、存银总，元二十九万三千五百零六两二钱四分。

共支出元三十八万七千一百八十七两七钱四分四厘，共支出洋三百八十四万八千三百五十元零二角零三厘。

监察人孙礼春、胡兰荪、范振曜　签字

公司盈余之数

收入：

一、售出十支纱一百零二万二千八百六十四只，洋五百零六万五千九百三十四元四角七分九厘。

一、售出十二支纱九万三千四百一十一只，洋四十八万九千七百四十九元四角一分五厘。

一、售出十四支纱二万一千一百三十一只，洋十一万二千一百七十三元一角五分。

一、售出杂花回丝，洋十二万二千二百零七元九角八分八厘。

一、售出花包索子，洋九千七百九十六元八角四分九厘。

一、售出花核，洋五万七千八百八十九元六角一分四厘。

一、售出二白花六十九对，洋一千六百八十七元五角。

一、收轧花房一百六十磅本较衣八千一百四十八包半，洋四十三万九千四百十四元。

一、收轧花房一百四十磅本较衣二千六百四十三包半，洋十二万二千九百四十四元。

一、收轧花房八十磅本较衣三千六百二十四包，洋十万零七千六百二十八元。

一、收轧花房二白花六十九对，洋一千六百八十七元五角。

一、收车房花纱九万零二十一磅，洋三万六千零二十元。

一、收房租、便田价，洋一万一千七百十四元五角六分。

一、收罚款，洋四百十六元五角三分五厘。

一、收仗记宁庄盈余，洋一万三千元。

一、收仗记永耀电力股仗，洋一万四千五百元。

一、收仗记物料，洋一千四百零八元八角五分五厘。

一、收仗记，洋一万八千五百十七元四角八分五厘。

共收入洋六百六十二万六千六百八十九元九角三分。

支出：

一、支原料卌砠姚衣六万一千二百四十一包，洋三百三十二万零零二十元零三角二分三厘。

一、支原料卌砠本衣八千一百四十八包半，洋四十三万九千四百十四元。

一、支原料卅砠本衣三千四百三十九包半，洋十六万四千零零六元。

一、支原料卄砠本衣三千六百二十四包，洋十万零七千六百二十八元。

一、支原料卄砠种衣三千六百零四包，洋九万六千九百零一元。

一、支原料安庆衣二十包，洋一千八百八十元。

一、支原料梅山衣六百九十四包半，洋三万八千八百零八元。

一、支原料咸场衣六百十一包，洋一万零三百三十一元。

一、支原料印度衣一千四百六十五件，洋十八万八千九百六十二元一角零四厘。

一、支原料陕西衣一千六百八十一件，洋三十一万六千一百五十四元。

一、支轧花房籽花三万四千四百五十五袋，洋六十九万六千九百十八元八角一分五厘。

一、支车房花纱旧存十一万一千五百二十磅，洋三万四千八百九十九元八角。

一、支各房物料，洋九万八千九百七十七元八角三分二厘。

一、支成包物料，洋三万八千六百八十二元六角二分二厘。

一、支炉子煤炭，洋十五万八千九百九十三元一角四分四厘。

一、支司事俸给，洋三万一千六百二十六元三角一分。

一、支各房男女工匠工，洋三十六万八千七百五十元零五角五分六厘。

一、支福食,洋二万四千四百五十五元九角二分八厘。

一、支杂项,洋九千八百二十三元五角一分三厘。

一、支赏给,洋三千一百零九元八角六分五厘。

一、支申贴水,洋一万三千四百零五元九角九分二厘。

一、支保险,洋一万五千三百七十元零五角四分三厘。

一、支捐款,洋二千五百八十五元八角八分。

一、支庄息,洋十三万七千九百四十一元九角三分六厘。

一、支修理,洋一万三千零四十六元二角三分一厘。

一、支善举,洋一千一百二十三元四角二分。

一、支酬费,洋七千六百五十二元零五分五厘。

一、支提驳,洋三千九百二十七元零零六厘。

一、支棉纱出口税饷、水脚,洋十一万二千零十二元六角七分九厘。

一、支第二厂缴用,洋七十五元。

一、支批发所缴用,洋六千四百七十元零零九分九厘。

一、支申庄缴用,洋九千九百五十一元二角四分五厘。

一、支蓬庄缴用,洋三千四百五十八元四角四分四厘。

一、支医院、学校缴用,洋二千四百三十五元四角八分六厘。

一、支本届折旧,洋二万元。

一、支本届第二厂股息,洋四万八千元。

共支出洋六百五十四万七千七百九十八元八角二分八厘。

除收支过,揭丈盈余洋七万八千八百九十一元一角零二厘。

八
宁波和丰纺织股份有限公司第二十三届帐略 己巳

宁波和丰纺织股份有限公司第二十三届帐略己巳

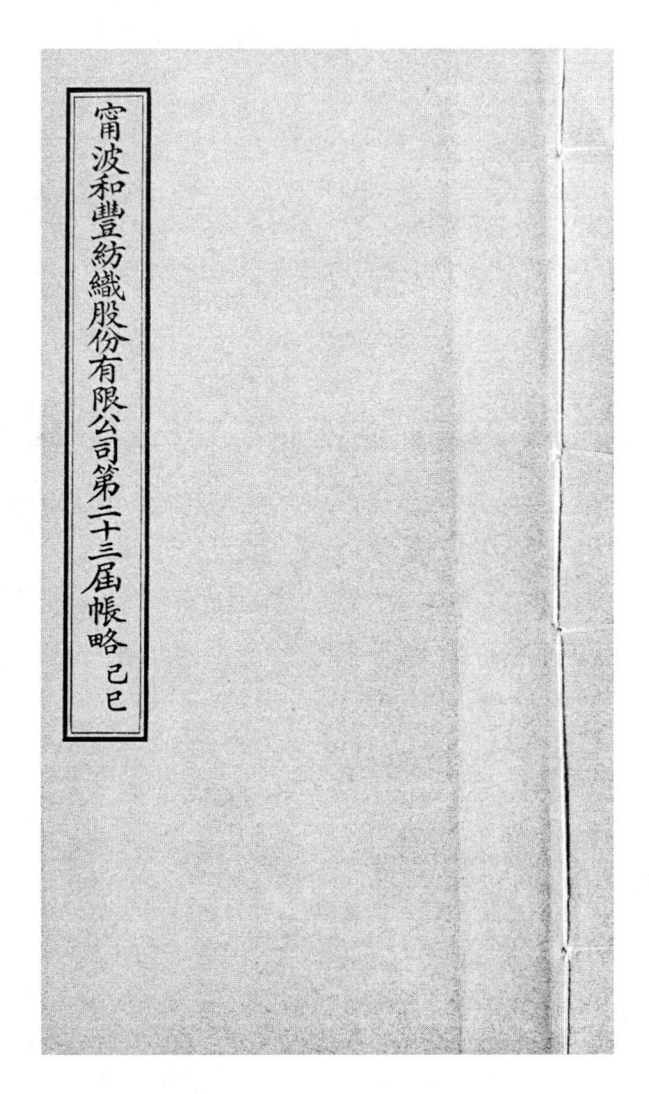

按：该帐略纵 25.6 厘米，横 15.1 厘米，不分卷，线装，版心上题"和丰纺织有限公司帐略"，民国十九年（1930年）铅印本，由上海中华书局代印。

宁波和丰纺织股份有限公司
第二十三届办理情形及帐略

  本公司第二十二届帐略及办理情形,去年业经报告在案。本届旧历己巳年度国府命令实行改用国历,故截至十九年一月廿九日为止为第二十三届结帐。兹将本届营业经过情形详晰报告,查上半年存花虽丰,花丝非常松脆,不得不添办印棉,以相搀和,工程上未免减色,兼之本厂自开办以来各房机车欹斜凹凸,大加修理,出数亦未免较逊。此上半年结帐除官利开缴外,只结盈余二千余金之实在情形也。入秋,则纱价渐见起色,纱销亦极玲珑,修理又复工竣,印棉亦少搀和,种种均渐顺手。惜甬埠新花上市,有人居奇,花价步涨,幸本厂向内地预办皮花、籽花,有备无患,然已美中不足,所以年终汇结,除公积、折旧、官利、开支并工人奖励金外,再除支销修理机车费一万四千零六十四元四角四分五厘、支销前商会派垫军饷费二千八百七十一元四角五分五厘、支销商会建筑费一千元,净计盈余洋十三万七千一百四十四元二角八分八厘。圣佐自惭菲才,膺此重任,适值百物昂贵,商战剧烈,办理更时虞陨越,惟望诸股东时锡南针,藉资圭臬,公司幸甚,圣佐幸甚。兹将本届收支帐略详列布告,伏希公鉴。

经理陈圣佐谨识

  中华民国十九年四月 日宁波和丰纺织股份有限公司谨启

  按:该公司于民国十九年(1930年)四月十五日下午召开股东常会。会上,由监察人孙康宏逐项报告己巳年(民国十八年)即第二十三届帐略,"众无异议",其他议决内容详见宁波市档案馆编《宁波和丰纺织公司议事录》第116—117页。

公司收支总帐

收入：

一、该股本,洋九十万元。

一、该湾头第二厂股本,洋六十万元。

一、该各存户,元十三万零二百十二两四钱九分。

一、该各存户,洋一百二十六万九千一百六十九元五角八分二厘。

一、该历年公积,洋三万九千八百二十六元五角四分二厘。

一、该历年盈余,洋一万七千四百四十九元八角九分三厘。

一、该历年折旧,洋十六万元。

一、该未支股息,洋二万四千七百八十元。

一、该未支红利,洋一万八千九百四十五元。

一、该未支第二厂半数股本,洋一万二千五百元。

一、该未支第二厂半数股本股息,洋二百五十元。

一、该敦谊会基本金,洋一万元。

一、该恤工会基本金,洋一万元。

一、该敦谊会甲级会员准备金,洋二万二千九百元。

一、该敦谊会乙级会员准备金,洋五千二百元。

一、该敦谊会,洋二千六百零七元九角四分九厘。

一、该恤工会,洋五千八百十三元二角三分一厘。

一、该和安会,洋六万四千六百八十九元四角五分五厘。

一、该探租,洋二千四百九十六元四角。

一、该未发工资,洋十四元一角零五厘。

一、该王永记杂花定,洋八千元。
一、该星号花包定,洋一千元。
一、该本届折旧,洋二万元。
一、该本届第二厂股息,洋四万八千元。
一、该本届盈余,洋二十二万八千五百七十二元九角九分二厘。
一、该银总,洋七万九千五百七十六元零零六厘。
共收入元十三万零二百一十二两四钱九分,共收入洋三百五十五万一千七百九十一元一角五分五厘。

支出:
一、存产业,洋六十四万一千三百七十元零七角六分九厘。
一、存机器,洋四十一万三千一百八十九元七角七分五厘。
一、存电灯机,洋二万四千元。
一、存生财,洋一万元。
一、存申庄生财,洋一千九百八十元。
一、存周庄生财,洋三百元。
一、存粮食生财,洋二百元。
一、存恒安会,洋五千元。
一、存义冢,洋四百六十元。
一、存浙路借券,洋三十八元。
一、存浙省公债,洋一万零九百三十元零七角一分三厘。
一、存整理公债,洋一千五百元。
一、存公路公债,洋九百五十元。
一、存市政公债,洋四百五十元。
一、存赈灾公债,洋四百元。

一、存编遣公债,洋一千四百五十五元。

一、存卷烟库券,洋三百六十一元二角。

一、存二五库券,洋四千四百五十元。

一、存关税库券,洋一千八百十三元八角。

一、存湾头厂基,洋十一万零七百六十七元九角五分五厘。

一、存宁庄资本,洋二万元。

一、存电力公司股本,洋四万七千一百二十五元。

一、存宁波印刷公司,洋一千元。

一、存宁波棉业交易所四百八十股,洋三千元。

一、存余云岫押款十九年十月十一日到期,元一万五千两。

一、存裕昌押款十九年十一月二十日到期,元四千两。

一、存申庄,元四千七百九十五两六钱零六厘。

一、存宁庄,洋四万零四百三十七元五角。

一、存蓬庄,洋二万七千二百元零零四角三分三厘。

一、存源记,洋九百二十二元六角九分六厘。

一、存咸记,洋一百六十元。

一、存批发所,洋八百十三元八角一分八厘。

一、存各钱庄,洋四万四千五百五十三元九角七分。

一、存暂记,洋四千七百八十三元八角一分二厘。

一、存丁卯年亏,洋二十七万九千三百三十二元一角六分五厘。

一、存修理机车,洋二万元。

一、存申庄栈十支顺纱二十八件,一百四十五两算,元四千零六十两。

一、存申庄栈十支反纱三百二十八件,一百四十两算,元四万五千九百二十两。

一、存蓬庄栈籽花六百二十三袋,洋一万二千八百八十四元七角八分三厘。

一、存栈姚衣(一百二十砠)一万二千零三十九包,五十四元算,洋六十五万零一百零六元。

一、存栈高姚衣(一百二十砠)二千五百零九包,五十五元算,洋十三万七千九百九十五元。

一、存栈本较衣(六十砠)二百九十袋,二十八元算,洋八千一百二十元。

一、存栈本较衣(一百零五砠)一千二百二十五包,四十八元算,洋五万八千八百元。

一、存栈梅本衣(一百零五砠)五百二十六包,五十元算,洋二万六千三百元。

一、存栈梅对衣(一百二十砠)一百二十五包,五十八元算,洋七千二百五十元。

一、存栈印度衣八百零一件,一百三十五元算,洋十万零八千一百三十五元。

一、存栈种衣(六十砠)二百袋,二十八元算,洋五千六百元。

一、存栈籽花六千八百二十一袋,二十四元算,洋十六万三千七百零四元。

一、存栈麻袋二万一千四百八十九只,洋一万一千元。

一、存栈十支纱(顺手)一万五千零七十二只,五元二角算,洋七万八千三百七十四元四角。

一、存栈十支纱(反手)六万二千四百八十只,五元一角算,洋三十一万八千六百四十八元。

一、存栈十二支纱(顺手)三千九百二十九只,五元五角算,洋二万一千六百零九元五角。

一、存栈煤炭三千零二十三吨五一五,十五元算,洋四万五千三百五十二元七角二分五厘。

一、存栈物料,洋十三万二千五百九十四元七角七分一厘。

一、存车房花纱十一万七千二百九十六磅,洋三万八千七百零七元六角八分。

一、存现存,洋七千六百六十二元六角九分。

一、存银总,元五万六千四百三十六两八钱八分四厘。

共支出元十三万零二百一十二两四钱九分,共支出洋三百五十五万一千七百九十一元一角五分五厘。

监察人孙礼春、胡兰荪、范振曜　签字

公司盈余之数

收入：

一、售出十支纱九十七万二千四百七十只,洋五百一十三万八千七百四十元零四角八分。

一、售出十二支纱四万三千二百六十五只,洋二十三万四千三百八十六元二角一分九厘。

一、售出杂花回丝,洋九万三千八百零三元一角四分六厘。

一、售出花包索子,洋一万零八百二十五元二角七分六厘。

一、售出花核,洋三万六千八百八十七元二角零四厘。

一、售出二白花四十五对半,洋一千一百五十八元五角。

一、收轧花房一百六十磅本较衣三千零七十三包半,洋十七万二千一百十六元。

一、收轧花房一百四十磅本较衣二千一百四十四包,洋九万九千零八十四元。

一、收轧花房八十磅本较衣七千六百零六包,洋二十万零五千三百六十二元。

一、收轧花房二白花四十五对半,洋一千一百五十八元五角。

一、收车房花纱十一万七千二百九十六磅,洋三万八千七百零七元六角八分。

一、收房租,洋一万零一百八十元零四角三分。

一、收便田价,洋六百二十三元。

一、收罚款,洋五百十七元八角三分。

一、收仗记宁庄盈余,洋九千元。

一、收仗记煤栈,洋一万二千七百五十六元二角三分三厘。

一、收仗记物料,洋七百四十一元二角五分四厘。

一、收仗记,洋八千八百三十三元五角四分八厘。

一、收银总,洋一百十五元三角五分四厘。

共收入洋六百零七万四千九百九十六元六角五分四厘。

支出:

一、支原料卅砠姚衣五万二千七百三十七包半,洋二百六十八万七千八百零五元一角九分一厘。

一、支原料卅砠本衣三千零七十三包半,洋十七万二千一百十六元。

一、支原料廿砠本衣九百零七包,洋四万三千二百十元。

一、支原料十砠本衣七千三百十六包,洋十九万七千五百三十二元。

一、支原料十砠种衣一千四百九十三袋,洋四万一千三百九十七元七角五分。

一、支原料陕西衣一千七百十三件,洋三十万零四千二百二十五元。

一、支原料梅山衣五百四十九包，洋一万四千六百四十九元八角零四厘。

一、支原料咸场衣五百三十九包，洋九千零五十三元。

一、支原料印度衣五千四百八十七件，洋七十二万五千八百四十一元零六分二厘。

一、支轧花房籽花二万三千七百七十五袋，洋四十九万零九百十六元。

一、支车房花纱旧存九万零零二十一磅，洋三万六千零二十元。

一、支炉子煤炭，洋十三万五千三百四十二元七角四分三厘。

一、支各房物料，洋八万五千八百七十七元零三分八厘。

一、支成包物料，洋三万七千三百五十六元三角二分九厘。

一、支司事俸给，洋三万零一百四十二元二角九分。

一、支各房男女工匠工，洋三十四万七千三百七十三元一角九分七厘。

一、支赏给，洋二千三百二十三元三角九分。

一、支福食，洋二万九千四百九十三元八角四分五厘。

一、支杂项，洋八千九百八十七元六角六分一厘。

一、支提驳，洋二千七百六十七元七角五分六厘。

一、支酬费，洋七千四百五十元零三角七分七厘。

一、支善举，洋六百九十六元三角四分五厘。

一、支修理，洋一万三千七百二十五元二角七分一厘。

一、支捐款，洋一千九百六十八元。

一、支保险，洋一万零五百三十六元四角八分五厘。

一、支庄息，洋十六万零四百三十六元零一分。

一、支棉纱出口税饷、水脚,洋十二万五千零八十七元三角九分五厘。

一、支申贴水,洋一万六千二百六十七元二角六分三厘。

一、支蓬庄缴用,洋三千四百五十九元八角三分五厘。

一、支申庄缴用,洋九千四百十五元六角七分九厘。

一、支批发所缴用,洋六千零二十七元九角三分六厘。

一、支医院、学校缴用,洋二千九百八十七元一角一分。

一、支销商会派垫军饷,洋二千八百七十一元四角五分五厘。

一、支销商会建筑费,洋一千元。

一、支销修理机车,一万四千零六十四元四角四分五厘。

一、支本届折旧,洋二万元。

一、支本届第二厂股息,洋四万八千元。

共支出洋五百八十四万六千四百二十三元六角六分二厘。

除收支过,揭丈盈余洋二十二万八千五百七十二元九角九分二厘。

折成附录:

一、收本届盈余,洋二十二万八千五百七十二元九角九分二厘。

一、支存本届公积二十分之一七,洋一万九千四百二十八元七角零四厘。

一、支存本届盈余九成,洋九万一千四百二十九元五角二分五厘。

一、支销本届股息,洋七万二千元。

一、支销本届酬金董事、创办人、监察人一成,洋一万零一百五十八元八角三分六厘。

一、支销本届酬金办事人假定三成半，洋三万五千五百五十五元九角二分七厘。

共支销洋二十二万八千五百七十二元九角九分二厘。

假定总结附录：

一、收历届盈余，洋一万七千四百四十九元八角九分三厘。

一、收本届盈余，洋九万一千四百二十九元五角二分五厘。

一、收历届折旧，洋十六万元。

一、收本届折旧，洋二万元。

一、收本届公积，洋一万九千四百二十八元七角零四厘。

共收洋三十万零八千三百零八元一角二分二厘。

一、支销丁卯年亏，洋二十七万九千三百三十二元一角六分五厘。

一、支销修理机车，洋二万元。

一、支存公积结剩，洋八千九百七十五元九角五分七厘。

共支销洋三十万零八千三百零八元一角二分二厘。

九
宁波和丰纺织股份有限公司第二十四届帐略 民国十九年

宁波和豐紡織股份有限公司第二十四届帳略 民國十九年

按：该帐略纵 26.7 厘米，横 15.4 厘米，不分卷，线装，版心上题"和丰纺织有限公司帐略"，民国二十年（1931年）铅印本，由上海中华书局代印。宁波市档案馆亦有收藏（破损），档号 314－1－10。

宁波和丰纺织股份有限公司
第二十四届办理情形帐略

本公司第二十三届帐略及办理情形，去年业经报告在案。本届揭帐谨遵国府命令，自十九年一月三十日起、至十二月三十一日止为十九年度即二十四届结帐。兹将本届营业经过情形详晰报告，查上半年营业因西北战争影响，商运纱销停顿，存货积滞，不得已削价求售，所以除开缴官利外，亏耗甚钜。入秋，则战事告终，希望纱销渐次活动，或可谋桑榆之收，乃奉国府命令严饬各业必须于国历年底结帐，因之客帮袖手，致纱销仍难起色，而姚花岁收又只有十分之七，新花上市价又步高，鉴于存纱呆滞，不敢造次进花。迨至十一月间调查绍姚存花甚属薄乏，适值甬上花市凋疲，爰乘机进取，藉得低价之原料，而是时印棉亦廉，遂又稍为多备，迄乎年终，远期花价渐高，印棉亦涨，乃将远期之花及预定印棉获利套售，以资弥补。挹彼注此，聊济燃眉，所以下半年结帐除开支、折旧、公积、官利外，只揭盈余六百七十二元二角二分二厘。圣佐自愧菲才，勉膺重任，时艰频值，努力经营，惟陨越之堪虞，冀侥幸于万一，深望诸股东时锡南针，俾资圭臬，公司幸甚，圣佐幸甚。兹将本届收支帐略详列布告，伏希公鉴。

                 经理陈圣佐谨识

  中华民国二十年　月　日宁波和丰纺织股份有限公司谨启

  按：该公司于民国二十年（1931年）四月二十六日下午召开股东常会。会上，由监察人楼恂如逐项报告第二十四届帐略，"众无异议"，其他议决内容详见宁波市档案馆编《宁波和丰纺织公司议事录》第119—121页。

公司收支总帐

收入：

一、该股本，洋九十万元。

一、该湾头第二厂股本，洋六十万元。

一、该各存户，元十万零五千九百四十二两五钱九分一厘。

一、该各存户，洋一百七十八万九千七百八十八元七角九分。

一、该历年公积，洋四万八千八百零二元四角九分九厘。

一、该未支官利，洋二万零零七十二元。

一、该未支红利，洋一万八千零四十五元。

一、该未支第二厂半数股本，洋六千五百元。

一、该未支第二厂半数股本股息，洋一百三十元。

一、该敦谊会基本金，洋一万元。

一、该恤工会基本金，洋一万元。

一、该敦谊会甲级会员准备金，洋二万二千三百元。

一、该敦谊会乙级会员准备金，洋五千元。

一、该敦谊会，洋五千五百四十五元四角二分八厘。

一、该恤工会，洋二千一百六十六元三角三分一厘。

一、该和安会，洋六万四千六百八十九元四角五分五厘。

一、该探租，洋二千四百九十六元四角。

一、该未支董事酬金，洋三百十七元四角六分三厘。

一、该未发工资，洋十四元一角零五厘。

一、该各钱庄，洋五十八万五千五百九十四元八角九分四厘。

一、该宁庄十二月份应解未解花款，洋八千五百五十六元六角二分五厘。

一、该星号花包定,洋一千元。

一、该王永记杂花定,洋八千元。

一、该五洲药房杂花定,洋一千元。

一、该余祥记,洋二十五元。

一、该本届折旧,洋二万元。

一、该本届第二厂股息,洋四万八千元。

一、该本届盈余,洋七万九千四百二十三元一角九分三厘。

一、该银总,元十七万七千九百八十二两八钱二分七厘。

共收入元二十八万三千九百二十五两四钱一分八厘,共收入洋四百二十五万七千四百六十七元一角八分三厘。

支出:

一、存产业,洋六十四万四千六百二十八元一角一分九厘。

一、存机器,洋四十一万三千一百八十九元七角七分五厘。

一、存电灯机,洋二万四千元。

一、存生财,洋一万元。

一、存申庄生财,洋一千九百八十元。

一、存周庄生财,洋三百元。

一、存粮食生财,洋二百元。

一、存恒安会,洋五千元。

一、存义冢,洋四百六十元。

一、存浙路借券,洋三十八元。

一、存市政借款,洋五千六百九十三元三角二分七厘。

一、存浙省公债,洋一万零六百五十元零六角九分三厘。

一、存整理公债,洋一千二百元。

一、存公路公债,洋一千元。

一、存赈灾公债,洋四百元。

一、存建设公债,洋一千六百元。

一、存编遣库券,洋一千二百七十五元。

一、存关税库券,洋二千零零三元四角。

一、存二五库券,洋三千二百二十六元二角五分。

一、存湾头厂基,洋十一万零零六十八元九角五分五厘。

一、存宁庄资本,洋二万元。

一、存电力公司股本,洋四万七千一百二十五元。

一、存宁波印刷公司,洋一千元。

一、存宁波棉业交易所四百八十股,洋三千元。

一、存余云岫押款二十年十月十一日到期,元一万两。

一、存裕昌押款二十年十一月二十日到期,元四千两。

一、存申庄年外印棉仗,洋一万零九百九十九元七角八分九厘。

一、存申庄,元九万零七百九十八两四钱一分八厘。

一、存宁庄年外姚花仗,洋一万六千零六十七元五角。

一、存宁庄,洋八万零七百四十二元五角。

一、存蓬庄,洋一万三千二百九十二元二角。

一、存源记,洋九百二十二元六角九分六厘。

一、存恒记,洋五千元。

一、存批发所,洋一万四千零八十八元四角六分五厘。

一、存暂记,洋六千六百九十二元五角七分八厘。

一、存申庄栈十支反纱一千二百四十八件(一百四十二两算),元十七万七千二百十六两。

一、存申庄栈十支顺纱十三件,一百四十七两算,元一千九百十一两。

一、存栈姚衣(一百二十砠)一万五千七百三十一包,五十三元算,洋八十三万三千七百四十三元。

一、存栈种衣(六十砠)八十二袋,二十八元算,洋二千二百九十六元。

一、存栈本较衣(六十砠)八十五包,二十八元算,洋二千三百八十元。

一、存栈本较衣(一百零五砠)六百六十包,四十九元算,洋三万二千三百四十元。

一、存栈梅本衣(一百零五砠)五百九十四包,五十元算,洋二万九千七百元。

一、存栈印度衣六百七十六件,一百三十三元算,洋八万九千九百零八元。

一、存栈天津衣七百三十二件,一百十九元算,洋八万七千一百零八元。

一、存栈九江衣一千八百四十六件,八十五元算,洋十五万六千九百十元。

一、存栈铁架衣二百七十二件,一百十九元算,洋三万二千三百六十八元。

一、存栈火机衣一千八百七十二包,五十七元算,洋十万零六千七百零四元。

一、存栈梅山衣三百零七包,五十七元算,洋一万七千四百九十九元。

一、存栈籽花七千一百九十三袋,二十四元算,洋十七万二千六百三十二元。

一、存栈十支纱十四万二千一百十六只,五元算,洋七十一万零五百八十元。

一、存栈十二支纱七百九十二只,五元四角算,洋四千二百七十六元八角。

一、存栈麻袋二万二千零八十九只,洋一万一千五百四十六元。

一、存栈煤炭一千五百零三吨六六一,十八元算,洋二万七千零六十五元八角九分八厘。

一、存栈物料,洋十一万五千二百零六元一角零二厘。

一、存车房花纱十九万六千七百八十一磅,洋六万八千八百七十三元三角五分。

一、存样纱,洋六十四元。

一、存陈蓉记,洋七百七十三元五角五分二厘。

一、存二十年开息,洋三万元。

一、存现存,洋一万六千九百十三元六角二分。

一、存银总,洋二十五万二千七百三十五元六角一分四厘。

共支出元二十八万三千九百二十五两四钱一分八厘,共支出洋四百二十五万七千四百六十七元一角八分三厘。

监察人楼恂如、洪沧亭、范振曜　签字

按:"二十年十月十一目到期"应为"二十年十月十一日到期"。

公司盈余之数

收入:

一、售出十支纱八十四万七千一百十四只,洋四百三十万零七千二百八十七元二角九分九厘。

一、售出十二支纱六万七千二百七十九只,洋三十五万二千七百三十五元二角五分。

一、售出杂花回丝,洋六万九千一百零八元九角一分二厘。
一、售出花包索子,洋一万二千零三十四元一角一分五厘。
一、售出花核,洋三万六千九百七十三元八角九分。
一、售出二白花七十三对七五,洋一千七百十四元。
一、收轧花房八十磅本较衣一万四千七百四十二包,洋三十五万一千零五十元。
一、收轧花房一百四十磅本较衣一千七百二十九包,洋八万一千五百四十三元。
一、收轧花房二白衣七十三对七五,洋一千七百十四元。
一、收车房花纱十九万六千七百八十一磅,洋六万八千八百七十三元三角五分。
一、收房租,洋一万一千二百六十六元七角八分三厘。
一、收便田价,洋五百八十八元。
一、收罚款,洋六百四十七元零九分。
一、收仗记宁庄盈余,洋一万一千五百元。
一、收仗记煤栈,洋四千八百零九元四角一分三厘。
一、收仗记物料,洋二千一百二十六元零八分四厘。
一、收仗记,洋六千六百六十八元三角九分九厘。
共收入洋五百三十二万零六百三十九元五角八分五厘。

支出:
一、支原料卅砠姚衣五万六千零五十八包,洋二百八十万零零零六十五元零五分九厘。
一、支原料卄砠种衣四千三百三十二袋,洋十一万三千六百四十五元零一分。

一、支原料🈯砠本衣一万二千九百四十七包，洋三十五万六千一百二十七元。

一、支原料🈯砠本衣二千二百二十六包，洋十万零七千七百零五元。

一、支原料印度衣二千零五十二件，洋二十七万八千五百六十六元六角六分三厘。

一、支原料梅山衣四百九十一包，洋二万八千六百五十八元。

一、支原料陕西衣二百四十七件，洋四万六千三百八十二元。

一、支原料咸场衣二百五十六包，洋三千九百五十二元八角九分。

一、支车房花纱旧存十一万七千二百九十六磅，洋三万八千七百零七元六角八分。

一、支轧花房籽花二万三千二百十四袋，洋四十五万七千七百四十一元八角五分四厘。

一、支炉子煤炭，洋十万零四千九百二十六元八角七分五厘。

一、支各房物料，洋十万零零二百九十一元零六分三厘。

一、支成包物料，洋三万五千二百七十元零零二分七厘。

一、支司事俸给，洋二万七千八百六十七元零九分。

一、支各房男女工匠工，洋三十一万二千二百九十七元五角五分五厘。

一、支赏给，洋二千一百四十四元五角七分。

一、支福食，洋三万一千五百十元零八角七分。

一、支杂项，洋九千二百四十四元六角零九厘。

一、支提驳，洋二千八百六十九元九角九分九厘。

一、支酬费，洋八千七百八十元零二角四分三厘。

一、支善举，洋一千九百八十一元零九分八厘。

一、支修理，洋二万零五百七十六元九角一分九厘。

一、支庄息,洋十三万四千零零五元四角二分五厘。

一、支棉纱出口税饷、水脚,洋十万零五千八百零八元六角九分九厘。

一、支捐款,洋一千九百六十五元七角四分六厘。

一、支保险,洋一万零四百四十四元三角七分三厘。

一、支申贴水,洋九千一百二十一元九角四分六厘。

一、支申庄缴用,洋八千八百七十七元六角六分六厘。

一、支蓬庄缴用,洋三千七百三十七元五角八分五厘。

一、支批发所缴用,洋六千零三十元零五角零三厘。

一、支托儿所缴用,洋四百六十六元二角二分五厘。

一、支医院、学校缴用,洋三千四百四十六元一角五分。

一、支本届折旧,洋二万元。

一、支本届第二厂股息,洋四万八千元。

共支出洋五百二十四万一千二百十六元三角九分二厘。

除收支过,揭丈盈余洋七万九千四百二十三元一角九分三厘。

折成附录:

一、收本届盈余,洋七万九千四百二十三元一角九分三厘。

一、支存本届公积二十分之一七,洋六千七百五十元零九角七分一厘。

一、支销本届股息,洋七万二千元。

一、支存本届盈余,洋六百七十二元二角二分二厘。

共支销洋七万九千四百二十三元一角九分三厘。

十

宁波和丰纺织股份有限公司第二十五届帐略民国二十年

宁波和丰纺织股份有限公司第二十五届帐略 民國二十年

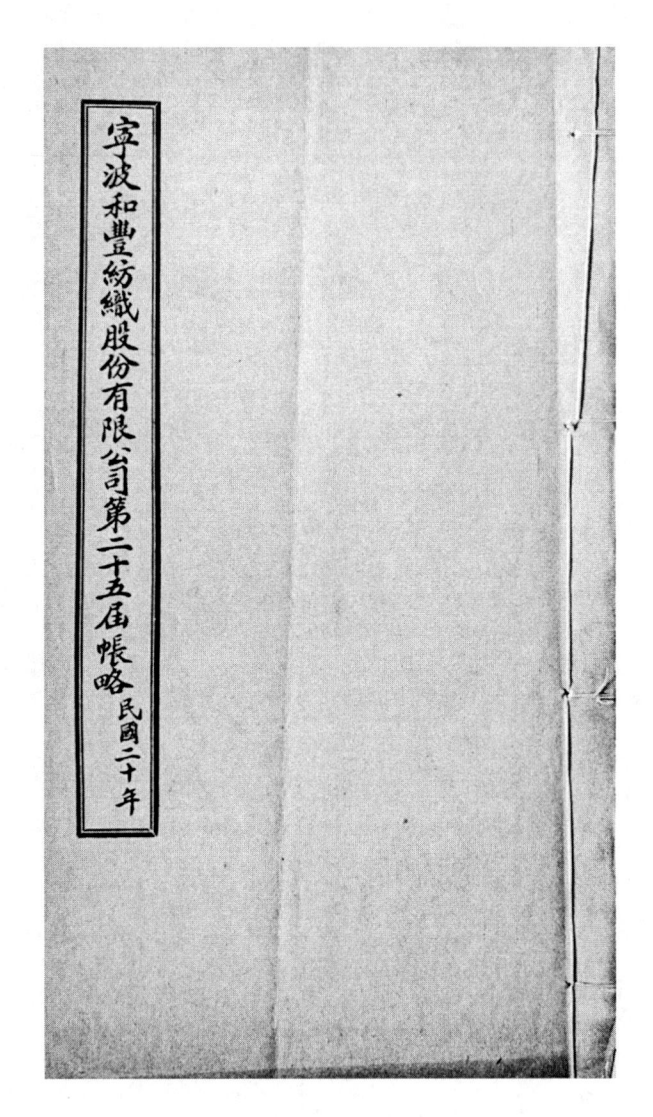

按：该帐略纵26.6厘米，横15.2厘米，不分卷，线装，版心上题"和丰纺织有限公司帐略"，民国二十一年（1932年）铅印本，由宁波钧和印书馆承印。天一阁另藏复本一册。

宁波和丰纺织股份有限公司
第二十五届办理情形及帐略

　　本公司第二十四届帐略及办理情形,去年业经报告在案。本届揭帐,除二十年度全年外,又增二十一年一月份,系依照上海及宁波商会议决呈请国民政府核准办理之。查本届自二十年一月至四月,营业清淡,盖潮流之趋势对于十支粗纱更形呆滞。本厂全系粗绒姚花出品,以十支纱居十分之九,积至四月底已达八千余件之多,且引擎、锅炉年久未修,不得已将存花出售,一面暂行停工,一面修理动机。上半年结帐,计亏洋伍万玖千肆百拾柒元有奇。嗣经商奉董事会命令,就本厂根本计划,非急切聘任工程师、添配机件、搭纺细纱勿可,再进一步,又非添加纱锭、购置布机不能长垂久远。圣佐奉令以来,先从改良入手,奔走沪甬,设法进行,复经婉谕工人逾格体恤,始于十月十九日开车试办。适值辽宁事变发生,抵制日货,而洋棉又廉,本厂对于十六支、二十支纱业有出品,幸得稍沾微润,所有上半年之亏耗、停工时之空缴及改良时之损失均得藉之弥补,所以二十一年一月终揭帐,除开支、折旧、公积、官利外,只揭盈余洋壹千肆百柒拾元零零肆分。圣佐自愧菲才,勉膺重任,复值趋势若此,不能不从事改革,深望诸股东时锡南针,俾资圭臬,公司幸甚,圣佐幸甚。兹将本届收支帐略详列布告,伏维公鉴。

经理陈圣佐谨识

　　中华民国二十一年一月　日宁波和丰纺织股份有限公司谨启

　　按:据宁波市档案馆编《宁波和丰纺织公司议事录》第122页记载,第二十五届帐略经监察人报告,于民国二十一年(1932年)三月十八日在春季董事常会上照准付刊。同年四月二十三日下午一时，该公司召开股东常会。会上，由监察人范振曜逐项报告第二十五届帐略并获通过，其他议决内容详见宁波市档案馆编《宁波和丰纺织公司议事录》第124—125页。

公司收支总帐

收入：

一、该股本，洋九十万元。

一、该湾头第二厂股本，洋六十万元。

一、该各存户，元八万二千九百三十四两三钱。

一、该各存户，洋一百四十三万五千二百零一元七角六分六。

一、该各钱庄，洋四十五万三千二百三十九元八角零四厘。

一、该历年公积，洋五万五千五百五十三元四角七分。

一、该历年盈余，洋六百七十三元二角五分一厘。

一、该未支红利，洋一千四百二十五元。

一、该未支股息，洋二千八百八十八元。

一、该未支第二厂半数股本，洋五百元。

一、该未支第二厂半数股本利息，洋十元。

一、该敦谊会基本金，洋一万元。

一、该恤工会基本金，洋一万元。

一、该敦谊会甲级会员准备金，洋二万一千元。

一、该敦谊会乙级会员准备金，洋四千七百五十元。

一、该敦谊会，洋七千六百八十七元九角零九厘。

一、该恤工会，洋三千七百十八元五角九分八厘。

一、该和安会,洋六万九千六百五十二元六角九分。

一、该折旧,洋二万元。

一、该探租,洋二千六百六十六元四角。

一、该未发工资,洋十四元一角零五厘。

一、该王永记杂花定,洋二千元。

一、该王永记,洋七十二元六角三分六厘。

一、该五洲药房杂花定,洋一千元。

一、该本届折旧,洋二万元。

一、该本届第二厂股息,洋四万八千元。

一、该本届盈余,洋八万零二百九十五元一角三分。

一、该银总,元十三万四千零七十两零六钱。

共收入元二十一万七千零零四两九钱,共收入洋三百七十五万零三百四十八元七角五分九厘。

支出:

一、存产业,洋六十五万七千二百九十九元七角六分一厘。

一、存机器,洋四十四万零二百七十三元五角六分六厘。

一、存电灯机,洋二万四千元。

一、存生财,洋一万元。

一、存申庄生财,洋一千九百八十元。

一、存周庄生财,洋三百元。

一、存粮食生财,洋二百元。

一、存恒安会,洋五千元。

一、存义冢,洋四百六十元。

一、存浙路借券,洋三十八元。

一、存浙省公债,洋一万一千九百十四元五角七分三厘。

一、存整理公债,洋三百元。

一、存公路公债,洋五百元。

一、存赈灾公债,洋四百元。

一、存编遣库券,洋一千零八十元。

一、存关税库券,洋一千五百二十二元六角。

一、存二五库券,洋一千七百八十元。

一、存建设公债,洋一千五百元。

一、存整理六厘公债,洋二千六百元。

一、存县公债,洋三千八百六十九元零六分七厘。

一、存市政借款,洋四千七百五十九元一角零六厘。

一、存湾头厂基,洋十万零八千六百四十元零五角五分五厘。

一、存宁庄资本,洋二万元。

一、存电力公司股本,洋四万七千一百二十五元。

一、存宁波印刷公司股本,洋一千元。

一、存宁波棉业交易所股本,洋三千元。

一、存裕昌押款,元四千两。

一、存申庄,元六万九千六百六十两零二钱三分。

一、存宁庄,洋三万元。

一、存蓬庄,洋一万二千四百五十八元三角八分一厘。

一、存源记,洋九百二十二元六角九分六厘。

一、存盛和,元一万六千两。

一、存和记花行,元二万八千零五十三两一钱三分。

一、存三益公司,洋二万七千八百五十五元。

一、存各房男女工借款,洋三万二千零十九元五角七分五厘。

一、存暂记免税单,元九百七十六两五钱四分。

一、存暂记旧兵费,洋二千六百四十元。

一、存暂记,洋三千四百五十六元五角九分七厘。

一、存申庄栈十支纱四百八十件,一百四十两算,元六万七千二百两。

一、存申庄栈十四支纱三十件,一百六十三两算,元四千八百九十两。

一、存申庄栈二十支纱二十五件,一百七十五两算,元四千三百七十五两。

一、存甬招商栈十支纱一百件,一百四十两算,元一万四千两。

一、存甬招商栈十支顺纱二十件,一百四十八两算,元二千九百六十两。

一、存甬招商栈十四支纱三十件,一百六十三两算,元四千八百九十两。

一、存宁庄栈(一百二十砠)姚衣一百六十五包,五十三元算,洋八千七百四十五元。

一、存栈姚衣(一百二十砠)一万五千零四十六包,五十三元算,洋七十九万七千四百三十八元。

一、存栈本较衣(六十砠)一千零六十一包,二十九元算,洋三万零七百六十九元。

一、存栈本较衣(一百零五砠)一千三百九十四包,五十元算,洋六万九千七百元。

一、存栈印度衣六件,一百三十二元算,洋七百九十二元。

一、存栈梅山衣四百三十二包,六十元算,洋二万五千九百二十元。

一、存栈天津衣一百包,六十八元算,洋六千八百元。

一、存栈汉口衣一百三十四包,一百十五元算,洋一万五千四百十元。

一、存栈九江衣三百二十五包,六十三元算,洋二万零四百七十五元。

一、存栈六支纱二千九百八十只,五元二角算,洋一万五千四百九十六元。

一、存栈十支纱十万零四千六百二十只,五元五角算,洋五十七万五千四百十元。

一、存栈十二支纱三千一百十只,五元九角算,洋一万八千三百四十九元。

一、存栈十四支纱五千四百只,六元二角算,洋三万三千四百八十元。

一、存栈十六支纱七千四百十只,六元二角算,洋四万五千九百四十二元。

一、存栈二十支纱一万二千四百只,六元五角算,洋八万零六百元。

一、存栈麻袋二万二千零八十九只,洋一万一千八百三十三元二角八分。

一、存栈煤炭三千八百四十吨六七七,二十四元算,洋九万二千一百七十六元二角四分八厘。

一、存栈物料,洋十一万七千七百七十六元零五分。

一、存样纱,洋一百五十三元四角零六厘。

一、存车房花纱九万八千八百四十二磅二五,洋三万八千五百四十八元四角七分八厘。

一、存二十一年开息,洋四万元。

一、存现存,洋四万四千五百三十四元九角二分。

一、存银总,洋二十万零一千一百零五元九角。

共支出元二十一万七千零零四两九钱,共支出洋三百七十五万零三百四十八元七角五分九厘。

监察人俞佐宸、徐禾载、范振曜　签字

公司盈余之数

收入：

一、售出六支纱三千六百六十二只，洋一万九千三百三十一元三角三分。

一、售出十支纱六十九万三千九百七十九只，洋三百七十九万五千二百十七元一角。

一、售出十二支纱四万九千六百四十二只，洋二十六万九千七百十四元一角。

一、售出十四支纱一万九千四百四十一只，洋十一万七千九百三十五元八角四分。

一、售出十六支纱三万二千六百十二只，洋二十万零二千二百二十九元二角。

一、售出二十支纱一万六千八百零三只，洋十万零九千二百八十九元五角。

一、售出杂花回丝，洋四万一千八百八十五元六角四分七厘。

一、售出花包索子，洋六千七百四十五元四角四分八厘。

一、售出花核，洋二万四千九百九十九元六角九分二厘。

一、售出二白衣四十二对半，洋一千零十三元五角。

一、收轧花房八十磅本较衣六千九百七十一包，洋十九万五千一百八十八元。

一、收轧花房一百四十磅本较衣一千六百零七包，洋七万八千七百四十八元。

一、收轧花房二白衣四十二对半，洋一千零十三元五角。

一、收车房花纱九万八千八百四十二磅二五,洋三万七千五百六十元零零五分五厘。

一、收房租,洋一万零三百二十八元一角四分。

一、收便田价,洋五百七十七元。

一、收罚款,洋三百二十八元七角六分。

一、收仗记宁庄盈余,洋一万四千元。

一、收仗记物料,洋二千零七十四元六角零三厘。

一、仗记,洋六千六百七十二元八角八分。

共收入洋四百九十三万四千八百五十二元二角九分五厘。

支出:

一、支原料卅砠姚衣三万八千一百九十三包半,洋二百零一万四千零零三元三角一分八厘。

一、支原料十砠本衣五千九百九十五包,洋十六万七千八百六十元。

一、支原料廿砠本衣一千四百六十七包,洋七万二千四百八十二元。

一、支原料印度衣二千九百七十一件,洋三十八万二千九百八十八元五角四分。

一、支原料梅山衣一千零十八包,洋五万五千八百七十七元一角五分四厘。

一、支原料十砠种衣三千六百九十六袋,洋九万五千三百二十八元一角五分六厘。

一、支原料陕西衣二百五十七件,洋四万九千零三十七元。

一、支原料咸场衣一百六十四包半,洋八千七百十八元五角。

一、支原料天津衣八百五十三包,洋十万零一千七百五十九元。

一、支原料九江衣二千二百六十六包,洋十八万八千一百七十元。

一、支原料铁架衣二百七十二包,洋三万二千三百六十八元。

一、支原料火机衣一千八百八十一包,洋十万零四千二百十七元。

一、支原料美衣六百五十件,洋十二万六千一百三十七元五角二分。

一、支轧花房籽花一万二千八百八十一袋,洋二十八万九千四百零八元四角零四厘。

一、支车房花纱旧存十九万六千七百八十一磅,洋六万八千八百七十三元三角五分。

一、支炉子煤炭,洋十一万五千八百六十八元。

一、支各房物料,洋十二万八千八百八十五元二角七分八厘。

一、支成包物料,洋二万八千九百五十四元六角零一厘。

一、支司事俸给,洋三万六千零四十三元三角三分。

一、支各房男女工匠工,洋二十七万六千四百四十二元八角零二厘。

一、支赏给,洋四千四百四十八元六角八分九厘。

一、支福食,洋二万九千一百四十八元零六分。

一、支杂项,洋一万三千一百七十七元六角一分一厘。

一、支提驳,洋二千八百十元零五角三分。

一、支酬费,洋八千六百七十九元九角九分四厘。

一、支善举,洋二千三百元零零三角六分四厘。

一、支修理,洋一万八千六百零三元九角零九厘。

一、支庄息,洋十九万九千四百零九元九角一分五厘。

一、支棉纱出口水脚,洋三万九千一百二十三元八角三分三厘。

一、支统税,洋八万三千一百四十八元三角三分八厘。

一、支捐款,洋二千零二十二元八角。

一、支保险,洋一万三千五百二十六元二角七分五厘。

一、支申贴水,洋六百九十四元八角七分四厘。

一、支申庄缴用,洋一万一千九百七十九元四角五分九厘。

一、支蓬庄缴用,洋四千八百六十二元零三分九厘。

一、支批发所缴用,洋四千九百七十八元七角三分二厘。

一、支医院、学校缴用,洋四千二百一十九元七角九分。

一、支本届折旧,洋二万元。

一、支本届第二厂股息,洋四万八千元。

共支出洋四百八十五万四千五百五十七元一角六分五厘。

除收支过,揭丈盈余洋八万零二百九十五元一角三分。

折成附录:

一、收本届盈余,洋八万零二百九十五元一角三分。

一、支存本届公积二十分之一七,洋六千八百二十五元零八分六厘。

一、支销本届股息,洋七万二千元。

一、支存本届盈余,洋一千四百七十元零零四分四厘。

共支销洋八万零二百九十五元一角三分。

十一
宁波和丰纺织股份有限公司帐略民国二十二年上半届

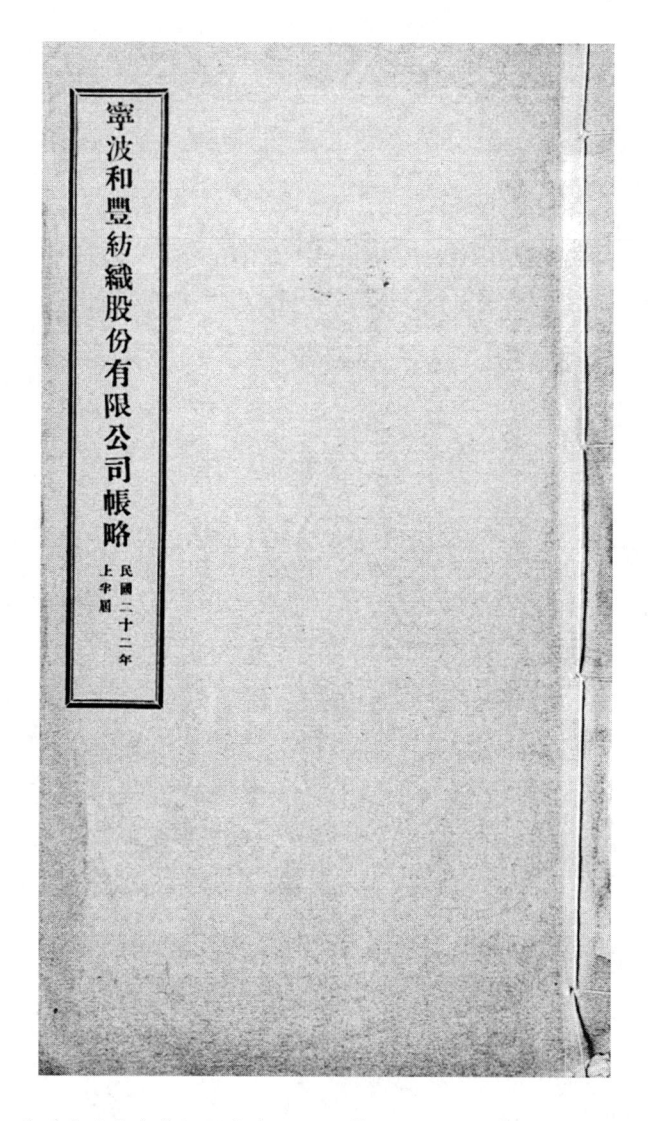

按：此系宁波和丰纺织股份有限公司第二十七届上半届帐略，记录民国二十二年(1933年)二月一日至七月三十一日收支等帐目情况。该帐略纵26.7厘米，横15.3厘米，不分卷，线装，版心题"和丰纺织股份有限公司总账"，民国二十二年铅印本，由宁波钧和印刷公司代印。

天一阁所藏并无宁波和丰纺织股份有限公司第二十六届帐略，其他机构有无收藏不详。据宁波市档案馆编《宁波和丰纺织公司议事录》第128页记载，民国二十二年（1933年）四月二十八日下午,该公司召开第二十六届股东常会。会上,由监察人范振曜逐项报告第二十六届帐略,"众无异议"。另,经理凌伯麟在会上报告营业状况,称民国二十一年全年除开支、折旧外,共亏耗十一万九千七百余元。

据宁波市档案馆编《宁波和丰纺织公司议事录》第134、135页记载,该公司于民国二十二年九月二十一日在鄞县城内芳嘉桥凌宅召开临时董事会议,由经理凌伯麟报告谢霖会计师检查本年度上半届帐目经过情形。谢霖的检查帐目报告书见于《上海宁波日报》1933年9月21日《和丰纱厂昨开检查账目人结束会议》,在刊登时篇幅已作压缩,内称"本会计师于本年九月十六日受贵公司（胀）[账]目检查员周巽斋等五君之委托,代行检查账目职务""据账簿查得,本年度二月一日起、七月三十一日止,计亏耗银元四十四万五千八百三十元三角四分一厘,比较原印账略增加亏耗银一千一百十元另二角四分五厘",由此可知本帐略即"原印账略",编印完成时间当在9月16日前。

民国二十二年国历七月底公司总帐

收入：

一、该股本，洋壹百伍拾万元。

一、该历年公积，洋陆万贰千叁百柒拾捌元伍角伍分陆厘。

一、该历年盈余，洋贰千壹百肆拾叁元贰角玖分伍厘。

一、该敦谊会基本金，洋壹万元。

一、该恤工会基本金，洋壹万元。

一、该敦谊会甲级会员准备金，洋壹万玖千元。

一、该又乙级会员准备金，洋肆千肆百伍拾元。

一、该恤工会，洋叁千肆百肆拾贰元叁角叁分伍厘。

一、该敦谊会，洋柒千柒百念柒元陆角柒分壹厘。

一、该未支股息红利，洋肆千叁百陆拾柒元。

一、该和安会，洋捌万零零伍拾肆元玖角捌分伍厘。

一、该寿春轩，洋壹千贰百玖拾伍元玖角叁分伍厘。

一、该银总，元壹万伍千肆百拾柒两贰钱贰分肆厘。

一、该折旧，洋陆万元。

一、该二厂股息，洋壹千叁百叁拾贰元。

一、该纱业联合会办事处垫期纱款，洋柒万捌千零玖拾壹元贰角伍分。

一、该六一厂垫期纱款，洋伍千壹百肆拾伍元。

一、该王永记杂花定洋，洋贰千元。

一、该又往来，洋伍百拾壹元伍角肆分捌厘。

一、该五洲药房杂花定洋，洋壹千元。

一、该探租,洋贰千玖百零玖元肆角。

一、该各钱庄,洋玖万伍千柒百肆拾壹元零玖分贰厘。

一、该垦业银行押款存纱三千件抵押,洋肆拾万元

一、该各存户,元伍千伍百伍拾玖两叁钱壹分陆厘。

一、该又,洋陆拾贰万叁千伍百陆拾叁元陆角叁分伍厘。

一、该本届折旧,洋壹万元。

一、该本届存户约息,洋贰万伍千元。

共该元贰万零玖百柒拾陆两伍钱肆分,洋叁百零壹万零壹百伍拾叁元柒角零贰厘。

支出:

一、存宁庄资本,洋贰万元。

一、存电力公司股本,洋伍万肆千贰百念贰元伍角。

一、存浙省公债,洋壹万零壹百捌拾玖元陆角伍分捌厘。

一、存公路公债,洋伍百元。

一、存赈灾公债,洋贰百柒拾贰元柒角。

一、存编遣库券,洋玖百叁拾叁元陆角。

一、存关税库券,洋壹千壹百叁拾捌元伍角。

一、存二五库券,洋玖百捌拾贰元肆角柒分。

一、存建设公债,洋壹千贰百肆拾肆元。

一、存县公债,洋贰千玖百念肆元伍角叁分捌厘。

一、存县借款,洋肆千柒百肆拾柒元玖角伍分肆厘。

一、存整理六厘公债,洋贰千肆百肆拾肆元。

一、存金库券,洋壹万元。

一、存湾头厂基,洋拾万零捌千贰百柒拾捌元伍角伍分伍厘。

一、存宁波棉业股四百八十股,洋肆千捌百元。

一、存裕昌押款鄱乐煤矿股抵押,十一月廿五日到期,元贰万两。

一、存宁波印刷公司,洋壹千贰百伍拾元。

一、存均益印刷公司,洋壹百元。

一、存经租,洋壹百拾肆元伍角壹分。

一、存申庄,洋叁万伍千伍百柒拾元零伍角贰分柒厘。

一、存暂记免税单,元玖百柒拾陆两伍钱肆分。

一、存又旧兵费,洋贰千陆百肆拾元。

一、存又,洋肆千玖百伍拾肆元零柒分玖厘。

一、存陈蓉记,洋壹万壹千壹百叁拾柒元零肆分叁厘。

一、存凌伯记,洋玖百陆拾伍元贰角叁分壹厘。

一、存银总,洋贰万壹千伍百捌拾肆元壹角壹分叁厘。

一、存各房男女工借款,洋贰万捌千柒百柒拾柒元壹角贰分伍厘。

一、存廿一年届亏,洋拾壹万玖千柒百肆拾元零叁角柒分。

一、存宁庄,洋陆千陆百柒拾玖元。

一、存蓬庄,洋叁千肆百零玖元壹角肆分叁厘。

一、存源记,洋玖百念贰元陆角玖分陆厘。

一、存物料,洋拾壹万贰千叁百拾陆元捌角零陆厘。

一、存煤栈煤二千一百十八吨四八七,二十二元算,洋肆万陆千陆百零陆元柒角壹分肆厘。

一、存产业,洋陆拾伍万柒千贰百玖拾玖元柒角陆分壹厘。

一、存机器,洋伍拾陆万零柒百伍拾壹元伍角壹分柒厘。

一、存电灯机,洋贰万肆千元。

一、存生财,洋壹万元。

一、存申庄生财,洋壹千玖百捌拾元。

一、存周庄生财,洋叁百元。

一、存恒安会,洋伍千伍百元。

一、存义冢,洋肆百陆拾元。

一、存申庄栈二百零六件,一百六十三元算,洋叁万叁千伍百柒拾捌元。

一、存车房检存花、纱三万七千九百五十八磅,洋壹万伍千壹百捌拾叁元贰角。

一、存样纱,洋贰百陆拾元零玖角零陆厘。

一、存粮食生财,洋壹百伍拾元。

一、存纱栈七支纱五千七百四十只,四元三角算,洋贰万肆千陆百捌拾贰元。

一、存又六半纱二万二千另二十只,四元三角算,洋玖万肆千陆百捌拾陆元。

一、存又十支纱六万五千八百六十只,四元二角算,洋念柒万陆千陆百拾贰元。

一、存又十二支纱七千三百八十只,四元五角算,洋叁万叁千贰百拾元。

一、存又十四支纱一万三千五百三十只,四元六角算,洋陆万贰千贰百叁拾捌元。

一、存又十六支纱一万一千七百四十只,四元七角算,洋伍万伍千壹百柒拾捌元。

一、存又二十支纱一万一千二百六十只,四元九角五分算,洋伍万伍千柒百叁拾柒元。

一、存花栈麻袋二万二千零八十九只,洋壹万壹千捌百叁拾叁元贰角捌分。

一、存现存，洋贰万贰千叁百肆拾捌元壹角壹分。

一、存本届亏，洋肆拾肆万肆千柒百念元零零玖分陆厘。

共存元贰万零玖百柒拾陆两伍钱肆分、洋叁百零壹万零壹百伍拾叁元柒角零贰厘。

公司收付之数

收入：

一、售出十支纱廿八万一千四百六十六只，洋玖拾叁万柒千陆百柒拾捌元柒角玖分壹厘。

一、售出十二支纱三万二千八百三十七只，洋拾伍万壹千陆百念壹元玖角伍分。

一、售出十四支纱二万一千八百十九只，洋拾万零贰千壹百伍拾贰元肆角伍分。

一、售出十六支纱三万八千七百八十四只，洋拾捌万陆千壹百捌拾壹元肆角伍分。

一、售出廿支纱三万二千八百十三只，洋拾伍万捌千捌百捌拾贰元贰角伍分。

一、售出六支半纱一万九千零五十只，洋捌万叁千叁百捌拾贰元肆角。

一、售出七支纱一千六百零四只，洋陆千玖百拾陆元。

一、售出花栈包索，洋贰千陆百念玖元贰角柒分。

一、售出杂花回丝，洋柒千玖百陆拾壹元贰角肆分捌厘。

一、收车房检存花、纱三万七千九百五十八磅，洋壹万伍千壹百捌拾叁元贰角。

一、收仗记物料,洋壹千叁百念元零陆角零肆厘。
一、收仗记,洋贰千肆百玖拾陆元零肆分柒厘。
一、收房租,洋伍千叁百伍拾柒元柒角陆分。
一、收便田价,洋壹百捌拾元。
一、收申贴水,洋贰千捌百玖拾叁元捌角叁分玖厘。
一、收罚款,洋壹百柒拾柒元伍角贰分。
一、收标纱花盈余,洋拾叁万叁千叁百肆拾肆元贰角壹分。
共收入洋壹百柒拾玖万捌千叁百伍拾捌元玖角捌分玖厘。

支出:
一、支原料十二姚衣一万二千五百九十一包,洋陆拾柒万陆千贰百拾柒元。
一、支又十二梅对衣二千三百五十九包半,洋拾贰万贰千陆百玖拾肆元。
一、支又十四本较衣一千三百四十九包,洋陆万壹千叁百柒拾玖元伍角。
一、支又八十又衣三千零四十包,洋柒万玖千零肆拾元。
一、支又印衣一千二百六十四件,洋念贰万贰千捌百陆拾元。
一、支又美衣一千二百八十件,洋念捌万壹千陆百元。
一、支又天津三百五十三包,洋伍万捌千贰百肆拾伍元。
一、支又八十种衣二千三百八十七包,洋陆万贰千零陆拾贰元。
一、支车房旧存花、纱九万九千五百六十二磅半,洋叁万柒千零玖拾壹元肆角零陆厘。
一、支炉子煤炭,洋捌万伍千壹百拾元。
一、支各房物料,洋肆万伍千伍百陆拾伍元捌角零玖厘。
一、支成包物料,洋壹万伍千陆百伍拾叁元柒角玖分贰厘。
一、支福食,洋壹万零肆百叁拾元零零叁分。

一、支提驳，洋肆百拾叁元陆角肆分捌厘。

一、支杂项，洋柒千捌百玖拾捌元零零伍厘。

一、支善举，洋伍百肆拾玖元壹角伍分柒厘。

一、支修理，洋捌千玖百玖拾叁元零零贰厘。

一、支庄息，洋拾贰万叁千贰百陆拾陆元叁角伍分肆厘。

一、支纱费，洋伍千柒百零玖元贰角。

一、支捐款，洋壹千肆百肆拾贰元。

一、支保险，洋柒千玖百捌拾伍元伍角伍分贰厘。

一、支蓬庄缴，洋壹千伍百捌拾伍元玖角捌分陆厘。

一、支申庄缴，洋叁千伍百拾陆元叁角肆分捌厘。

一、支医院、学校缴，洋贰千零叁拾陆元伍角玖分。

一、支统税，洋玖万贰千叁百玖拾柒元壹角叁分壹厘。

一、支司事俸给，洋贰万叁千陆百捌拾捌元玖角贰分。

一、支各房男女工匠工，洋拾伍万捌千伍百伍拾叁元零捌分。

一、支赏给，洋壹万贰千零玖拾伍元伍角柒分伍厘。

一、支本届折旧，洋壹万元。

一、支本届存户约息，洋贰万伍千元。

共支出洋贰百念肆万叁千零柒拾玖元零捌分伍厘。

七月底除收支过，揭亏洋肆拾肆万肆千柒百念元零零玖分陆厘。

附 录

宁波和丰纺织股份有限公司修正章程草案

第一章 总 则

第一条 本公司遵照中华民国国民政府颁布《公司法》第四章办理,定名曰和丰纺织股份有限公司。

第二条 本公司以机制棉纱、棉布为营业。

第三条 本公司及其工厂设在浙江鄞县江东冰厂跟地方,设立买花、卖纱地点须经董事会议决办理。

第四条 本公司于前清光绪三十一年十一月呈准商部给照,民国四年因增加股本修正章程、重行注册,于民国十七年呈准国民政府全国注册局注册。

第二章 股 份

第五条 本公司股份总额共计国币一百五十万圆,分作六千股,每股国币二百五十圆。发给股票由董事会推定董事五人及经理人签名、盖印。

第六条 本公司股东以本国人为限。

第七条 本公司股票用记名式,先在公司留存印鉴,如股东欲将股份转让与他人时,应具让股书,盖用原存印鉴,向本公司声请过户,但非经本公司核准及将过户手续办竣后,不生效力。惟每届股东会期前一个月以内,暂停过户。

第八条　股东遗失股票时,应先由遗失者向公司报告遗失缘由,再由遗失者自行登载申、甬通行报章各一份,于一月后再觅妥保为公司所信用者同至公司缮具保证书后,方可补给股票。

第九条　依前两条之规定由本公司另行填给股票时,每张须缴过户费国币一圆,并须附缴应贴用之印花税费。

第三章　股　东　会

第十条　本公司每年于国历四月内召集股东常会,由董事会于一月前备函通告各股东知照。

第十一条　股东常会时董事及监察人须据簿册报告于各股东。

第十二条　本公司遇有重要事件应临时召集股东会时,其程序按照《公司法》办理。

第十三条　股东会之议决权、选举权以十股之内每股一权,满十权后每二股递加一权,再满十权后每三股递加一权,再满十权后每四股递加一权,依此类推,余数得半进一权,不及半抹除。

第十四条　股东常会及临时会应将议决事件缮成决议录,由推定之临时主席签名、盖章,其载于决议录之议决事件,董事及经理人须遵行之。

第十五条　会议时股东因事不能出席者,得依据《公司法》另具委托书委托他股东代理,但须于委托书署名处亲自签名并用留存印鉴。

第四章　董事　监察人

第十六条　本公司董事十一人,监察人三人,由各股东于股东常会时用双记名连记法互选。凡有本公司股份二十股以上者,皆有被选举之资格,但董事当选后,须将所有股票缴由监察人封存于本公司,俟退职时发还。

第十七条　董事非经监察人允许,不得与公司为买卖之行为。

第十八条　董事会遇有必要时得请股东或职员到会征求意见,但不得加入决议之数。

第十九条　经理人由董事会选任,其他职员由经理人委任之。

第二十条　本公司遇有重大事件,经理人须经董事会议决办理。

第二十一条　本公司董事任期二年,其次年用抽签法抽留六人、另选五人,连举者得连任。监察人任期一年,连选亦得连任。

第二十二条　董事或监察人因事故缺员至二分之一时,应于一个月内召集临时股东会选举之,其任期以补足前任未满之任期为限。

第二十三条　董事及监察人办事章程别定之。

第五章　计　算

第二十四条　本公司无论营业盈绌,每年应依照全部资产价值提存折旧国币百分之三,以巩固基础。

第二十五条　本公司前清光绪三十一年招股时,曾订定股息八厘,每届年度结帐得有盈余,应遵照《公司法》先提十分之一为公积金,再发股息。如尚有盈余,作十四股分派,股东得九股,发起人及董事、监察人合得一股半,办事人得三股半。

第二十六条　本公司经理人每年应将帐目详细揭算、造具清册,于次年股东会时由董事布告。

第六章　附　则

第二十七条　本公司章程如须修改时,得由董事会或有股份总数十分之一之股东提议召集股东会议决施行。

第二十八条　本公司章程有未尽事宜悉依《公司法》办理之。

按：该修正章程草案系铅印件，共一页，纵26厘米，横54.8厘米，夹于天一阁藏《宁波和丰纺织股份有限公司第二十五届帐略民国二十年》内。

据宁波市档案馆编《宁波和丰纺织公司议事录》第124、125页记载，民国二十一年（1932年）四月二十三日下午一时，该公司召开股东常会，"由书记员将董事会修正章程草案逐条宣读，经讨论修改，三读通过。第二章　股份　第五条　本公司股份总额共计国币一百五十万圆。……第五章　计算　第二十五条　发起人及董事、监察人合得红利一股半"。另，综合本修正章程草案条款内容及该件夹于民国二十一年三月、四月刊印的《宁波和丰纺织股份有限公司第二十五届帐略民国二十年》等推测，该修正章程草案应编印于民国二十一年四月二十三日股东常会召开之前。

宁波和丰纺织有限公司第三届帐略 己酉

```
和豐紡織有限公司帳略    四    寧波鈞和公司代印

一存戴瑞記                洋一千零二十七元三角四分二釐
一存勵長記                洋一百九十九元九角九分四釐
一存東源        元五十二兩零九分九毫   洋七十一元三角七分六釐
一存又                    洋一千五百二十元零三角九分五釐
一存電燈新公司            洋六千五百八十六元五角二分
一存盛記  此洋係七十四兩三分五毫 137  洋一萬五千六百六十九元一角三分
一存童莊 生財            洋二千零七十元
一存北莊                  洋五百九十六元九角一分一釐
一存仁裕                  洋四十一元
一存通源 安花在路         洋三百九十一元另三分二釐
一存暫記                  洋一千八百另四元二角
一存莊息 未到期           洋一萬五千元
```

按：该帐略纵 23.9 厘米，横 14.5 厘米，不分卷，线装，版心上题"和丰纺织有限公司帐略"，清宣统二年（1910年）铅印本，由宁波钧和公司代印。宁波市档案馆藏，档号 314-1-10。

该帐略与《宁波和丰纺织股份有限公司十年帐略汇刊》所收录的己酉年（宣统元年）即第三届帐略稍有不同。现附录于此，以呈现最初面貌，供相关研究之用。

和丰纺织有限公司第三届办理情形节略

谨启者：本公司自光绪三十二年开办，所有三十三年、三十四年第一、第二两届帐略情形均经报告周知。兹自宣统元年正月起、十二月止为第三届结帐，应将办理大略情形明晰宣布。本届花价腾贵，而纱价迟涨，虽获盈余，只敷官利，乃因上年公议添锭五千六百枚并添建厂房，本届已实行由各董事公认垫借洋十二万元，分作五年还清，长年八厘起息。惟多此一项息款，是以于今正二十日开董事会，公同议定将宣统元年本届官利由公司暂为收存，俟下届结帐积有盈余一并给发，以固厂源。去年就山阴县属童家塔、余姚县属周巷、慈谿县属沈师桥三处地方均设分公司，以便就近采购棉花，并资推广棉纱销路。又，厂中原有电机、线杆及余料等件核实估计作洋五万元，已照前议移归电灯新公司，为本厂认定股本。因新公司创办尚未就绪，致帐尚未揭开，是以此款报告仍照旧款刊登。本厂总董郑君岳生去腊逝世，公议以戴君瑞卿推升是职，递遗查帐员之职，公举张君斐章补之，以故总董郑君之子廷树补为散董。以上各节均本届办理之大略情形也。谨将收支各款并盈余之数开列报告，伏维公鉴。

总董顾元琛、戴瑞卿、总理励长华
宣统二年二月　日宁波和丰纺织有限公司谨启

公司出入总帐

收入：
一、该股本，洋六十万元。

一、该薇瑞堂戴,洋五万二千七百十二元五角。

一、该又元三万一千二百六十两(137),洋四万二千八百二十六元二角。

一、该本单,洋四十六万一千二百八十一元。

一、该又元廿七万一千三百四十三两七钱五分(137),洋三十七万一千七百四十元零九角三分七厘。

一、该绪记,洋三万零一百八十八元。

一、该德记,洋二万零一百四十元。

一、该乾丰,洋一万零四百二十元。

一、该添锭借款,洋十二万元。

一、该又息半月,洋四百元。

一、该未支官利,洋一千八百七十一元零一角三分一厘。

一、该安昌各花庄,洋三百五十八元七角五分。

一、该元昌,洋二十元。

一、该通利源,洋七百六十一元二角五分。

一、该源生祥,洋九百零一元二角。

一、该生康油花定银一千八百两(137),洋二千四百六十六元。

一、该乾一元五百廿四两五钱零一厘(137),洋七百十八元五角六分六厘。

一、该探租,洋一百七十五元。

一、该存工,洋八元一角。

一、该戊申年盈余除酬费八百元,洋二百十五元八角四分一厘。

一、该己酉官利,洋四万八千元。

一、该盈余,洋六千四百九十七元六角四分一厘。

共收入洋一百七十七万一千七百零一元一角一分六厘。

支出：

一、存产业，洋三十二万七千七百五十九元零五分三厘。

一、存机器，洋四十万零四千九百四十一元三角三分。

一、存生财，洋四千五百三十七元零七分九厘。

一、存创办费，洋八万二千九百九十一元七角零四厘。

一、存添造，洋九千八百七十一元九角八分二厘。

一、存内物料，洋二万一千二百零七元七角六分二厘。

一、存栈籽花三百八十一万二千另四十，十元算，洋三十八万一千二百零四元。

一、存栈皮花五千八百四十六，四十一元算，洋二十三万九千六百八十六元。

一、存栈二白花六十另半，廿七元算，洋一千六百三十三元五角。

一、存栈花包五千五百七十五只，二角算，洋一千一百十五元。

一、存栈麻袋九千三百三十一只，三角五分算，洋三千二百六十五元八角五分。

一、存栈杂花回丝四百十一，洋一千零三十七元四角。

一、存栈棉纱，洋一万五千五百五十六元八角零六厘。

一、存栈物料，洋二万三千三百九十八元二角九分三厘。

一、存栈煤炭，洋一万元。

一、存车房花纱，洋一万四千零九十二元九角七分八厘。

一、存样纱公事房，洋五十三元四角一分三厘。

一、存电灯机器，洋七万九千一百二十三元四角三分。

一、存新添机器，洋二万七千一百三十六元四角九分六厘。

一、存升丰庄，洋一千六百十一元四角八分一厘。

一、存鼎恒庄，洋六百十二元七角二分。

一、存甡琛庄,洋二百十八元五角八分五厘。

一、存戴瑞记,洋一千零二十七元三角四分二厘。

一、存励长记,洋一百九十九元九角九分四厘。

一、存东源元五十二两零九分九厘,洋七十一元三角七分六厘。

一、存又,洋一千五百二十元零三角九分五厘。

一、存电灯新公司,洋六千五百八十六元五角二分。

一、存盛记上海存纱元一万一千四百三十七两三钱二分一厘(137),洋一万五千六百六十九元一角三分。

一、存童庄屋宇、田地、生财,洋二千零七十元。

一、存北庄生财,洋五百九十六元九角一分一厘。

一、存仁裕,洋四十一元。

一、存通源安花在路,洋一千八百另四元二角。

一、存暂记,洋三百九十一元另三分二厘。

一、存庄息未到期,洋一万五千元。

一、存保险又,洋四千元。

一、存预息丙午年,洋三万六千六百十八元四角五分。

一、存亏耗丁未年第一届,洋三万三千一百八十二元另五分九厘。

一、存现,洋一千八百六十七元八角四分五厘。

共支出洋一百七十七万一千七百零一元一角一分六厘。

　　　　　核对无讹。查帐人戴瑞卿　押、范烈生　押

公司本届盈余之数

收入:

一、售出十支纱三十五万一千另九十三只,洋一百零六万九千零三十四元二角二分。

一、售出十二支纱十一万零六百十一只,洋三十五万零三百零九元。

一、售出十四支纱三万四千零六十只,洋十一万八千六百五十五元五角七分二厘。

一、售出十六支纱一万零三百六十九只,洋三万五千零九十六元二角三分。

一、售出杂花回丝,洋三万三千六百四十六元零九分一厘。

一、售旧袋绳索,洋五千零五十元零五角三分。

一、售棉籽,洋二万四千四百零八元七角七分。

一、存机房花纱五万五千五百五十七磅,洋一万四千零九十二元九角七分八厘。

一、收轧花厂花衣,洋三十五万二千三百三十七元零五分五厘。

一、存又籽花三十四万二千四百斤,洋四万一千零八十八元。

一、存杂花栈杂花回丝四百十一包,洋一千零三十七元四角。

一、存花栈花包五千五百七十五只,洋一千一百十五元。

一、收房租,洋二千五百九十二元九角六分三厘。

一、收电灯租,洋一万三千三百十六元一角六分一厘。

一、收便田租,洋一百五十元。

一、收坑租,洋二百六十元。

一、收股费,洋三元九角五分。

一、收赔款,洋二千五百七十五元二角二分二厘。

一、收物料丈,洋二千三百七十二元九角七分。

一、收源来,洋六百四十五元三角七分五厘。

一、收汇源,洋一万一千九百三十元零五角二分四厘。

一、收栈力,洋二千二百八十二元四角九分。

一、收回佣，洋八百四十四元四角二分五厘。

一、收贴水，洋二千一百零九元五角七分九厘。

共收洋二百零八万四千九百五十四元五角零五厘。

支出：

一、支原料印衣一千件，洋八万二千五百六十八元二角九分四厘。

一、支又安姚衣三万六千三百五十七包半，洋一百廿三万三千六百四十八元八角六分九。

一、支又散花一千二百七十八磅二两五钱，洋三百八十三元四角七分五厘。

一、支轧花厂籽花二万六千三百廿八包半，洋三十九万八千七百七十七元三角二分五厘。

一、支上海出口纱税捐、水脚，洋二万九千五百九十二元七角一分九厘。

一、支栈租，洋二百八十四元六角六分六厘。

一、支庄息，洋七万一千六百十九元三角五分七厘。

一、支煤炭，洋四万一千三百十元零三角四分六厘。

一、支俸给，洋四千三百八十元零零一分。

一、支各房男女工匠工，洋九万六千一百五十元零六角四分九厘。

一、支各房物料，洋三万另另另五元三角三分九厘。

一、支成包物料，洋一万二千一百四十五元八角二分五厘。

一、支保火险，洋一万二千六百十七元七角五分四厘。

一、支修理，洋一千八百九十七元一角三分九厘。

一、支电报费，洋四十七元八角四分四厘。

一、支旅川,洋一百六十九元九角八分。

一、支福食零用,洋七千三百六十五元七角六分八厘。

一、支杂项,洋四千一百九十五元五角五分九厘。

一、支提驳,洋五百七十六元八角三分一厘。

一、支善举,洋四百七十一元七角七分三厘。

一、支捐款,洋一千四百九十四元八角三分八厘。

一、支批发所缴,洋七百五十二元五角另五厘。

一、支官利,洋四万八千元。

共支出洋二百零七万八千四百五十六元八角六分四厘。

除收付过,揭盈余洋六千四百九十七元六角四分一厘。

民国《鄞县通志》和丰纱厂地图

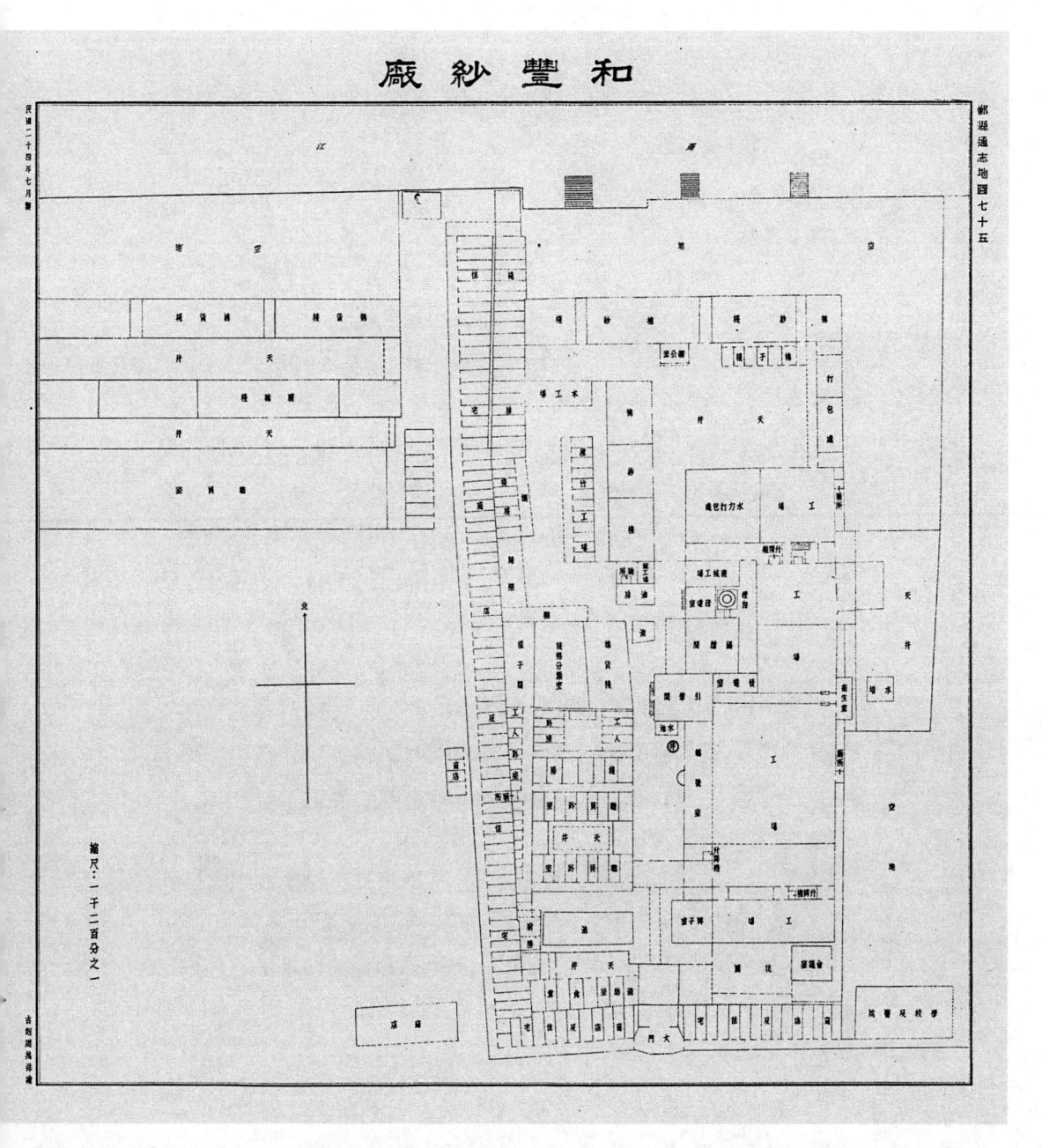

按：该地图纵 24.6 厘米，横 23.9 厘米，民国二十四年（1935 年）七月由周万祥绘制，宁波市天一阁博物院藏。

后　　记

　　和丰纱厂全称宁波和丰纺织股份有限公司，创办于清光绪三十一年(1905年)，是宁波近代工业主要标志，也是清末浙江著名的新式纺织企业之一。2021年，成为宁波市首个国家工业遗产。

　　关于和丰纱厂的史料编研成果，目前主要有王培毅、王柳波主编《和丰史(1905—1989)：宁波和丰纺织厂史》(1990年9月内部印行)；中共宁波市委党史研究室、宁波工业投资集团有限公司编，杨明祥主编《和丰蝶变：宁波近现代工业文明缩影》(宁波出版社2013年3月第一版)；宁波市江东区档案局、宁波市江东区政协教文卫体和文史委员会编《百年和丰》(宁波出版社2013年11月第一版)。此外，最具史料价值的当属前些年宁波大学孙善根教授执编的《宁波和丰纺织公司议事录》(宁波出版社2019年4月第一版)。我有幸获得孙老师赠书，并看到内有一些我长期关注的宁波帮著名人物朱葆三投资并参加股东常会等的会议记录，史料十分罕见，令我眼前一亮。著名经济史学者、复旦大学历史学系朱荫贵教授为该书撰写序言，进一步提出希望有关方面能够将和丰纱厂的账册等资料整理出版，"使我们能够深一步地了解这些企业内部的资金运转、会计核算、市场运作等具体情况，也能够使我们更深入、更全面和更具体地了解近代中国企业各方面的经营运转状况"。然而，和丰纱厂由于1940年1月

20日遭受大火，所藏帐略、档案等付之一炬。在这一背景之下，要想搜集和丰纱厂的历年帐略谈何容易！

所幸，本人服务的天一阁博物院正好收藏有一批和丰纱厂的帐略，即《宁波和丰纺织股份有限公司十年帐略汇刊》及第十七届至二十五届、二十七届上半届帐略。直觉告诉我，这批帐略对于今人研究和丰纱厂有着不可替代的重要作用。整理宁波帮史料是我一直以来的兴趣之一，于是就有了整理这本书的想法和实践。经查阅相关藏书目录、古籍普查平台以及实地查访，天一阁是已知收藏和丰纱厂帐略最多、品相最好的机构。除天一阁外，目前仅宁波市档案馆收藏有《宁波和丰纺织有限公司第三届帐略己酉》、《宁波和丰纺织股份有限公司十年帐略汇刊》（较残破）、《宁波和丰纺织股份有限公司第二十届帐略丙寅》、《宁波和丰纺织股份有限公司第二十一届帐略丁卯》、《宁波和丰纺织股份有限公司第二十二届帐略戊辰》、《宁波和丰纺织股份有限公司第二十四届帐略民国十九年》。此外，上海市档案馆收藏有《宁波和丰纺织股份有限公司十年帐略汇刊》。另，设在和丰纱厂厂房旧址的宁波工业设计博物馆展出有《宁波和丰纺织股份有限公司十年帐略汇刊》和《宁波和丰纺织股份有限公司第二十二届帐略戊辰》原件。

本书的诞生，与师友们的帮助总是分不开的。衷心感谢宁波大学龚缨晏教授扶助后学，不仅使"天一阁藏宁波和丰纱厂帐略整理与研究"幸运地列入2022年度浙江省哲学社会科学重点研究基地浙东文化研究院自设重点课题，获得经费方面的支持，而且还拨冗撰写序言，使我如沐春风。感谢同事周慧惠、应瑜在和丰纱厂帐略查阅、图纸扫描等工作中提供便利、帮助。感谢上海古籍出版社责任编辑王赫先生辛勤细致的劳动，为本书增色颇多。

本书的整理与出版，如能引起企业史、宁波帮相关领域研究专家、学者的关注，并在这丰富史料的基础上深耕细作，结出科研硕果，这是很令人感到欣慰的，也将推动我继续去做此类项目。因本人水平有限，书中存在的不足之处，欢迎读者朋友予以指正。

应芳舟

2023 年 5 月 14 日于天一阁

图书在版编目(CIP)数据

天一阁藏宁波和丰纱厂帐略辑录／应芳舟编著. ——上海：上海古籍出版社，2023.6
ISBN 978-7-5732-0721-0

Ⅰ.①天… Ⅱ.①应… Ⅲ.①纺纱一纺织厂一会计账簿一史料一汇编一宁波 Ⅳ.①F426.81

中国国家版本馆 CIP 数据核字(2023)第 088934 号

天一阁藏宁波和丰纱厂帐略辑录
应芳舟　编著

上海古籍出版社出版发行

(上海市闵行区号景路 159 弄 1－5 号 A 座 5F　邮政编码 201101)

（1）网址：www.guji.com.cn
（2）E-mail：guji1@guji.com.cn
（3）易文网网址：www.ewen.co

上海世纪嘉晋数字信息技术有限公司印刷

开本 787×1092　1/16　印张 18.25　插页 20　字数 212,000
2023 年 6 月第 1 版　2023 年 6 月第 1 次印刷
ISBN 978-7-5732-0721-0
K·3383　定价：108.00 元

如有质量问题,请与承印公司联系